「A」

マスコミが報道しなかったオウムの素顔

森 達也

「A」マスコミが報道しなかったオウムの素顔*目次

本文中の敬称は省略しました。

プロローグ

僕はテレビを見ていた。

廃墟《はいきょ》のような巨大な建物の前に停められていた一台のワゴンカーが、ゆっくりと発進を始めたそのとき、「見えました紫色の服が今車内に見えました！」とマイクを持った女性記者が絶叫した。

スモークガラスと目の細かい網で車内の視界を遮ったワゴンカーは、ガラス越しにほんの一瞬捉《とら》えた男の濃密な紫色を、まるで祭りの神輿《みこし》のように日本中に見せつけながら、ゆっくりとカメラの前を通過する。ヘリコプターが爆音を響かせながら画面の端を横切り、物々しいヘルメットや楯《たて》に身を装備した屈強な男たちと、カメラを担いだ男やマイクを持った女たちが小走りにその後に続く。

テレビのリモコンを片手にチャンネルを変えるたびに、同じワゴンカーの映像が、少しずつ角度や距離を変えながら目の前に現れる。じっと見つめ続けながら、フレームの中の映像が、まるで遠い世界で起きた違う時代のできごとを眺めているように、奇妙に現実感がないことに気づく。

宗教という、茫漠《ぼうばく》とした要素が事件の核にあるという思いが現実感を希薄にしているのか？　それとも、画面の中の一つひとつの展開やレポーターたちの絶叫が、テレビドラマのように劇的すぎて、それがリアリティを喪失させるのか？

思い惑いながらも画面から目を離すことはできない。意識の底で、見続けることでまるで何かを見極めることができると信じているかのように、欠落しているものを埋める何かが画面に映るその瞬間を見逃すことを恐れているかのように、僕は延々と走り続けるワゴンカーを映すだけの画面から目を離すことができない。

これが一九九五年五月の、とある朝の僕の日常の心象の風景だ。

そしてこれは、きっとおおかたの日本人とほとんど大差ない。

一　荒木浩を選んだ理由

初めてオウムについて、自分の感覚で知ったこと

一九九五年九月二十七日。荒木浩《あらきひろし》に初めて会ったこの日、僕はついこのあいだ、上野動物園で見たダチョウを思いだした。別に風貌《ふうぼう》が似ているということではない。犀《さい》でもバイソンでもトムソンガゼルでも何でもよい。動物園に行くたびに僕は、実際に目の前で息づいている動物たちの大きさに圧倒される。何度も見ているはずなのに、このあいだは間近で見るダチョウの大きさに、檻《おり》の前でしばらく呆然《ぼうぜん》とするくらいに圧倒された。心理学や大脳生理学には疎いけれど、たぶん彼らのリアルな大きさも含めての存在感が、時間の経過と共にどんどん縮小されてゆくということなのだろう。

初めて荒木浩に会ったときの感覚はこれに近い。「こんなに背が高かったのか」という印象をまずは受けた。僕の身長は一七六センチ。目の前の彼の身長は、僕よりも一～二センチは高い。それまでテレビの中で何度も見ていたはずの彼の骨格が、少なくとも僕のイメージの中ではかなり矮小化《わいしょうか》されていたという事実をまず知った。

そしてこれが、僕がオウムについて、テレビや新聞、雑誌などの二次情報ではなく、自

分の感覚で知った初めての事実だ。

　この日より四ヵ月近く前、つまりまだ上祐史浩《じょうゆうふみひろ》が外報セクションのトップだった一九九五年六月、某民放のワイドショーでオウム取材の専従スタッフとして短期契約をしていた僕は、この青山総本部に一度だけ取材で足を運んでいる。オウム報道がいちばん過熱していた頃だ。建物を包囲する他のマスコミや警察をかき分けながら入った青山総本部の中には、逮捕前の上祐もいたし、その頃マスコミで話題になっていた美人ドライバーや青山吉《あおやまよし》伸《のぶ》弁護士とも通路で擦れ違った。

　上祐は椅子《いす》に座って新聞を読みながら、お茶らしき飲み物を静かに飲んでいた。青山弁護士は他の信者たちと屈託ない笑顔を浮かべながら雑談していた。普段テレビでは見ることのない、彼らの穏やかな日常の風景だった。地下の会議室に案内されながら、そんな彼らの初めて見る表情をぼんやりと眺めていた僕に、

「ところで今日はどうやってＯＫもらえたんだ？」

　同行してきたワイドショーのプロデューサーが、口の片端を緊張で微《かす》かに歪《ゆが》ませながら、小声で耳元に囁《ささや》いてきた。

「広報部に知り合いでもいたのか？」

　何もない。広報部に電話をかけて、応対した女性信者に撮影はしないが話を聞きたいと言っただけだ。もちろん一回ですんなり許可がでたわけではないが、何度かくりかえし打診をしただけだ。

「……へえ、やってみるもんだなあ」

　僕の説明に、プロデューサーはそれでも腑《ふ》に落ちないという表情で首をひねりながら、通された地下の殺風景な小部屋でつぶやいた。額の髪の生え際に、うっすらと細かな汗の粒が浮かびあがっていた。

　ワイドショーのスタッフは一カ月だけやった。麻原が第六サティアンで逮捕された直後である当時、テレビは何カ月もオウム一色で通常の番組編成が成り立たず、僕のように決して売れっ子とはいえないフリーのディレクターのスタンスでは、他に仕事の選択の余地はなかったというのが実状だ。最初番組から打診があったときは、モスクワに行って、麻原が宿泊したホテルで飲み食いした料理を再現して撮ってきて欲しいとの依頼だったが、どうにも気が進まないのでそれは断り、自分自身で調査をして新しいネタを探す、通称「遊軍」と呼ばれるスタンスを希望した。

　番組タイトルに「オウム」という名がつくだけで高視聴率が約束された当時、各局とも一日に数時間のオウムの番組をくりかえしているのだから、ネタは慢性的に不足していた。プロデューサーは僕の希望を了承した。自由には動けるが、成果が上がらなければ評価はすぐに下され、契約は解除されるという約束だ。

　毎日局に行っては、オウムについての古い膨大な資料を読み続けた。ギャラもらって勉強できる身分かよ、とロケに出ないことを同じ短期契約のディレクターと顔を合わせるたびに皮肉られたが、地下鉄サリン事件以前の週刊誌の記述や、オウム出版が出した麻原の著作など、手当たり次第に僕は山積みの資料を読み続けた。プロデューサーと二人で初めて青山総本部に行ったのは、契約後二週間が経過する頃だが、その後の進展はまったくなかった。同行したプロデューサーへの手前、応対した広報部の女性信者に、「サリン散布に当初計画したと噂《うわさ》されるラジコンヘリが、もし今もあるのなら撮影させてくれ」と頼んではみた。「探してみます」と彼女は言ったが、数日後、「やはり壊れて廃棄したらしく、もう見つからない」との返事が電話であった。

「違うんだよなあ。別にヘリなんかにこだわらなくたってさあ、せっかくコネができたのに、撮れるのなら何でもいいじゃないか」

プロデューサーからはその後局内で顔を合わすたびに、そうせっつかれたが、僕は動けなかった。ヘリにこだわっているわけではもちろんない。ヘリなんかはどうでもよい。たった一回だが、青山総本部の中で接した彼らの日常に、危険で凶悪という雰囲気を僕はどうしても嗅《か》ぎとることができなかった。上祐や青山などという有名人たちだけではない。扉の脇《わき》で監視モニターを凝視していた男性信者、通路で擦れ違った初老の女性信者、車座になって楽しそうに雑談をしていた二十歳そこそこといった感じの信者たち、どの一人をとっても邪気らしきものはまったく感じとれなかった。

もちろん、これがオウムの怖さなのだろうということは理屈ではわかる。しかし、愚鈍なくらいに善良に見えるこの集団と、凶悪な無差別殺人との接点は、やはり感覚的にどうしてもわからない。

その後も毎日僕はスタッフルームにこもり続けた。知りたいと切実に思ったのだ。職業ディレクターとして番組制作の過程で刹那的《せつなてき》に触れるだけではなく、この機会にオウムについて、できる限り体系的に知りたいと強烈に思ったのだ。同時期に契約したディレクターたちは精力的に動いていた。昨日は、入信した現役の自衛隊員のスクープ映像が放送された。明日は、麻原の奔放な異性関係を、脱会信者のインタビューの形で放送するらしい。

……僕は動けなかった。どうにも身体が反応しなかった。オウムの沿革や事実経過を知れば知るほど、一つの疑問符は増大した。野望、洗脳、謀略、怨《うら》み、差別、被害妄想、……数え切れないくらいの単語や情報は蓄積されるが、結局「なぜ？」というたった一つの疑問符は、氷解するどころか、日毎に濃密になるばかりだった。

最終的には、一度もロケに出ないまま、「こんなディレクターは前代未聞です」と呆《あき》れられて、ワイドショーとの一カ月の契約は終了した。他の契約ディレクターたちのほとんどは契約を延長したが、僕にはそんな声はかからなかった。フリーランスの立場に戻った僕は、四カ月ぶりに青山総本部を訪れた。夏は過ぎ、街並みには既に秋が色濃い。道路の脇の側溝では、茶色の落ち葉が風にかさかさと乾いた音をたてている。

上祐逮捕の過熱を最後のピークに、青山総本部の周りに二十四時間群がっていたマスコミは、いつのまにかほとんど姿を消していた。警備の警官も制服が数人に、停めた車に乗りこんだ私服が数人だけ。張り巡らされたロープを跨《また》いで建物に近づく僕に制服が、「あなた何ですか？」とあわてて駆け寄ってきた。

「広報の荒木さんと約束しています」と、自分の姓名を告げる。「所属は？」と訊《たず》ねられて、フリーですと答えれば、「フリーって？」と聞き返された。

「つまり、職業はテレビのディレクターですが、特定の会社には所属していません」

「じゃ、どうやって広報と連絡をとったの？」

「個人的に連絡をとってアポイントしましたが……」

「個人的に？　それで、荒木氏は会うって言ってるんですか？」

「言ってるから来ました」

「でも、もし中で何かあったら誰が責任をとるんですか？」

「……僕が自分でとります」

やりとりが微妙に擦れ違う。最終的にこの制服は、僕にその場に待てと命じ、オウムの広報に確認をしたうえで、やっと通してくれた。

インターホン越しに「荒木さんと約束しています」と内部に告げる。扉の脇の郵便入れの箱に「郵便屋さんありがとう」と子供のような文字で書かれた紙が貼《は》られている。五分ほど待たされた。さっきの制服がちらちらと横目で様子を窺《うかが》いながら、トランシーバーで何事か報告している。もう一度インターホンを押そうかと思ったとき、扉は唐突に開き、白いサマナ服に、テレビでも何度か目にしたことのある花柄のちゃんちゃんこを羽織った荒木浩が、すぐ目の前に立っていた。

「ドキュメンタリーの依頼は、これが初めてです」

「あなたたち現役の信者たちの現在を、とにかく既成の形容詞や過剰な演出を排除して、ドキュメンタリーとして捉《とら》えたい」

引越しの荷造り用に段ボール箱が散乱する通路を案内され、通された地下のパーテーションで区切られた小部屋で、この一ヵ月、何度も手紙で書いてきたことと同じ内容を改めて彼に告げる。以前に比べれば、施設の中に人の気配は薄く、同じ空間とは思えないほどにひっそりと静まりかえっている。

僕の一方的な話を無言で頷《うなず》きながら聞いていた荒木浩が、少しの間をおいてから小さくつぶやいた。

「……もしかしたら森さんは、信頼できる人なのかなという印象を私は持っています」

僕は沈黙していた。初対面のこの日、いきなり彼の口からこんな親密な言葉が出てくるなどまったく予想外で、どう反応してよいのか判断がつかず絶句していた。

「……どうしてですか？」

「はい？」

「どうして僕が信頼できるかもしれないと思うのですか？」

「手紙です」

「マスコミの方は皆、電話かせいぜいFAXです。森さんのように何度も手紙をくれた方は他にいませんでした」

「手紙?」

ドキュメンタリーを作ろうと思いたったとき、基本的に僕は撮影対象者に手紙を書く。もちろん会って話すことがいちばん確かではあるが、会う前には基本的には手紙を書く。電話は確かに便利だが、特に面識のない相手と話す場合、微妙なニュアンスが伝わらないケースがあるからだ。そしてこの手法は、撮影対象者との関係性が何よりも重要なドキュメンタリーというジャンルを志す人なら、たぶん誰でもやることのはずだ。普通の作業のはずだ。

オウムをドキュメントで捉えるという構想は以前からあった。麻原を護送するワゴンカーのテレビ映像を眺めながら、どうしようもないほどに茫漠《ぼうばく》とした疑問符と切実な欠落感を感じつつ、僕はこの扁平《へんぺい》な映像の洪水を、他の視座から立体的にドキュメンタリーとして構築することを同時に夢想していた。テレビ番組作りにおいて、ドキュメンタリーを自分のフィールドに選択した僕にとって、それはごく自然な衝動だった。

しかし、具体的な対象が見つからなかった。当然ながら麻原にはもはや接触できない。麻原と交流の深い若手の宗教学者に連絡をとり何度か会った。彼の紹介で脱会した信者にも会った。現役の信者にも何人か会った。しかし、情報は様々に補塡《ほてん》されたが欠落はあいかわらず埋まらない。ドキュメンタリーの対象として、麻原というとてつもない容量に代わる素材はどうしても見つからない。

　そんなとき、荒木浩は唐突にテレビに登場した。テレビの中で、必死に言葉を模索しながら口ごもり、押しつけられるマイクに絶句しながら立ち尽くしていた。見ると同時に、僕は「彼だ」と直感した。表層的には麻原とはまったく異質だ。しかしその脆弱《ぜいじゃく》そうな外見の内側に、何らかの本質と、同時に激しい矛盾と葛藤《かっとう》とを、彼は間違いなく共存させている。僕はそう直感した。いや、直感というよりもほとんど確信に近かった。

　テレビ画面の中で、荒木浩は言葉を探すようにじっと宙を仰ぎ続けている。僕はその表情から目を離すことができない。彼を撮影対象にできるのなら、今とは違う視点を持つことがきっとできる。僕がオウムに感じ続けるこの強烈な欠落感の由来を、見定めることがきっとできる。


「……逆にお聞きしますけど、私を素材にするようなそんな内容のドキュメンタリーが本当に放送されるのですか？　私には正直なところ現実感がないんです」

　考え込んでいた僕に、荒木浩が静かに訊ねる。一瞬の間をおいてから、彼の質問の意味を理解した僕はあわてて答える。

「わかりません。僕はフリーランスですから局との交渉はこれからです。でも現役信者たちの日常を主題にしたドキュメントはまだどこも成功していませんし、もし実現できるなら、基本的にどこに企画を持っていっても局が断ることはないと思っています」

「……森さんは今、どこも成功していないっておっしゃいましたよね」

「ええ」

「でも、ドキュメンタリーって依頼は森さんが初めてですよ」

「……初めて？」

「幹部のインタビューとか、上九《かみく》での修行の様子を撮らせろとか、そんな依頼は毎日何十件も来てますけど、私たちをドキュメンタリーとして撮りたいという依頼は、これまで一度もありません。森さんが初めてです」

テレビの場合、どうしてもその時点で話題になっている人物にオファーは集中する。連絡がやっととれても、「実は他局からも話が来ていまして」と断られることは珍しくない。話題性という点ではこれほどに突出していたオウムなのだから、テレビメディアに限ったとしても、ドキュメンタリーというオファーは殺到しているものと僕はいつのまにか思い込んでいた。手紙を書いてきた人間が誰もいないというのも、その意味では当り前だ。施設の撮影や幹部のコメントの依頼に手紙は不要だ。FAXで充分だ。言い換えれば、オウムの信者と手紙という緻密《ちみつ》なコミュニケーションをとる必要性を、少なくともメディアの人間は誰も感じてこなかったということになる。

「……ただ、そう簡単には結論はだせません。上にも森さんの申し出については報告していますが、この人物が本当に信頼できるという保証がないと、今のところは却下の状態です。それにモザイクの件もありますし……」

「難しいんでしょうか？」

「私はもちろん必要ないですが、……他の信者たちもですよね？」

「すべてです」

「それは、……かなり難しいと思います」

モザイクについては、この作品において一切使わないという方針を、僕は荒木浩への手紙に書いていた。基本的に僕は、モザイクという手法は、あくまでも窮余の選択のはずだと思っている。しかし最近ではモザイクにとどまらず、バラエティ番組の影響なのか、普通に聞きとれるコメントにさえテロップをつけることも流行している。結果、モザイクだらけでどこが顔だか頭だかわからない映像に、声も機械的に変え、そしてテロップだけが目立つというVTRが、特にニュースやワイドショーでは多くなっている。

そんな手法がまさしく開花し定着したのが一連のオウム報道だ。その帰結として、モザイクは対象となる人や場所の固有性を隠すという本来の機能よりも、「負の要素を持つ人」という一つの記号としての意味を持ち始めた。記号は言うまでもなく既成の概念に結びつく。だからモザイクは使わない。その決意によって、撮る範囲が狭められるのならそれも仕方ないと覚悟していた。荒木浩を対象にする。二次情報や既成の概念はできる限り放棄する。既成のテレビ的映像手法も可能な限り封印する。この三つが、僕がこの時点でこの作品において、自らに課していた決意だ。確信はないが、特にオウムに対しては、封じることで新たな視座が開けるのでは、という予感は間違いなくあった。

「とにかく上をもう一度説得してみます」

帰り際、荒木浩は僕を見送りながら何度か同じ言葉をくりかえした。

「私が今日お会いした森さんの印象を伝えてみます。約束はできませんが」

「……荒木さん、念を押しますけど」

扉を開きかけてから、僕は振り返って口走った。扉の脇《わき》で、監視カメラのモニターを見つめていた警備担当の男性信者が、何を言いだすのだろうかといった好奇の目で、じっと僕に視線を送っている。その隣で、荒木浩は静かに僕を見つめている。汗ばんだ言葉が、頭蓋《ずがい》の中で出口を求めて飛び回っていた。

要するに、オウムの幹部に信頼できる人物と見なされることが、このドキュメントの大事な前提条件になると彼は言っているのだ。迂闊《うかつ》なことにその意味が、帰る間際になってやっと正確に理解できた。同時にその第一歩を踏み出すことに、反射的な不安が突然閃《ひらめ》いた。相手はオウムなのだ。撮影者と対象者とが、多面的な意味での信頼関係を築くことは、確かにドキュメンタリーの原則の一つだ。しかし「オウムに信頼される」という事態に対して、自分はもっと慎重でなければならないはずだと思いついたのだ。直感であると同時に、メディアに棲息《せいそく》する人間としての姑息《こそく》な計算でもある。

「僕はオウムを窮地から救いたいとか、オウムの宣伝をしたいとか、そんな気はありません。あくまでも僕自身の目で、今のオウムの本質を捉えたいだけです」

「わかっています」

荒木浩は静かに言う。
「オウムの宣伝に繋《つな》がるような作品だったら、作ったとしても放送できないでしょう。私にもそれくらいの自覚はあります。でも、森さんに今の私たちの姿を自分の目で見ていただけるのなら、そしてそれをテレビという影響力の大きいメディアで発表していただけるのなら、私としてはそれで充分です」

やっと迎えた撮影初日

年は明けて一九九六年三月。初めて荒木浩に会ってから五ヵ月が経過していた。この期間は、彼が「上」と表現する幹部信者たちを説得するために費やした期間ということになる。電話やFAXで月に一度か二度ほど連絡をとりあうこの期間、フリーランスから大手番組制作会社の契約ディレクターという立場に、僕のポジションも変わっていた。バブルの後遺症はテレビの制作現場にも色濃く漂い始めていた。制作費カットのしわ寄せはまずは外注費を抑えることから始まる。海外で長期間の撮影をするかつてのような大型紀行番組は少しずつ減少し、中小の番組制作会社の幾つかは倒産の憂き目に遭い、その制作会社からの発注を受けるフリーランスのディレクターは激減した。

五人めの家族がもうすぐ生まれることもあり、僕は年末に某大手番組制作会社との契約に応じた。条件は悪くない。契約期間は一年だが、よほどの事情がないかぎり毎年契約を更新してゆくのがこの業界の慣習だ。こうして生活の不安からはとりあえず解消された直後、荒木浩から「上」の了解をとりつけましたとの連絡が入った。

一九九六年三月八日。撮影初日の約束の時間は深夜十一時（睡眠時間を極力減らす修行を慢性的に継続しているため、オウム内部では世間一般の時間帯の観念があまりない）。カメラマンには、これまで何度もコンビを組んでいたNを僕は指名していた。約束の時間に四十分前の午後十時二十分、制作会社の機材室で二人で待機していたら、目の前の内線電話がふいに鳴りだした。嫌な予感がした。収録テープの本数を確認していたNが、受話器をなかなか取らない僕に、ちらりと視線を送ってくる。

実は本来ならこの日の二日前に、既に撮入しているはずだった。しかし二日前の深夜、同じ時間帯、やはりこの機材室で待機していた僕に、荒木浩から突然電話がかかってきた。

直前で申し訳ないが、どうしてもはずせない急な打ち合わせをしなくてはならないため、今夜の撮影は遠慮して欲しい。そんな内容を早口に伝えて受話器を置こうとする彼に、

「じゃあ、いつならいいですか？」とあわてて僕は食い下がった。焦っていた。月末には青山総本部から完全退去の予定と今日のニュースでも言っていた。そうなるとまた、これまでの準備期間がリセットされる可能性がある。もうこれ以上は引き延ばせない。

「二日後ならたぶん……」

荒木浩は僕の性急な質問に、困惑を滲《にじ》ませながらも小声でそう答えた。その二日後である今夜、同じ時刻に鳴り始めた電話に、僕はどうしても手を伸ばせなかった。

結局Nが受話器を取った。別室で機材チェックをしていた音声担当のSからだった。インタビュー用にシャツの襟などに装着するピンマイクは幾つ必要か？　と訊《たず》ねられ、一つもいらないと僕は答える。バラエティ番組じゃあるまいし、襟元にピンマイクが見え隠れするオウム信者のドキュメンタリーなんて発想がどうやったら出てくるんだ。声が苛《いら》ついているのが自分でもわかる。受話器を置いたNが、「これで今夜もキャンセルってことになったら、あんた契約早々辞表もんだね」と低く囁《ささや》く。

「どういうことだよ？」

「デスクの連中はさ、どうせオウムが約束守るわけはないって言ってるぜ」

「…………」

「きっとまた直前にキャンセルになって、それでもうこの企画はおしまいだってよ」

毎週末ゴルフに行ってるような連中に何がわかるんだよと言いかけたがやめた。この会社にも法則があるようにオウムの組織にも法則はある。そしてその法則はどうやらあまり違わない。荒木浩は会社で言えば末端の平社員だし（事実、彼には幹部信者のほとんどが持っているホーリーネームすら与えられていない。肩書きこそ副部長だが、霊的ステージというオウム内部のヒエラルキーでは最下層なのだ）、彼の一存では物事がなかなか決まらないことは、この五カ月で何となくわかってきた。そして僕の今のスタンスも、制作会社の契約ディレクターという、テレビ業界においてはこれ以上ないほどに末端の立場だ。

広報という観点から、自分がドキュメンタリーの対象となることの損得勘定は彼自身当然しているだろうし、メリットを感じたからこそ、渋る「上」を説得したのだろう。しかし「上」がもし直前になって翻意したとしても、荒木浩にはその指示に反駁《はんばく》する力はおそらくない。そしてその意味で、「上」が体現する「組織」という構造に縛られるのは、僕も彼も同様だ。何のことはない。末端が末端を撮る構造なのだ。お互いが組織に帰属する限り、もちろんこれは仕方のないことではあるが。

十時四十分。キャンセルの電話は来ない。機材をタクシーに載せて青山総本部へと向かう。「首がつながったな」と隣席のNが小声で言う。クルーはカメラのNとビデオエンジニアのSの三人という最小のユニットだ。

十時五十五分。青山総本部到着。警備の警官にそれぞれ社名と名前を告げる。「よくオウムがOKしたねえ」と一人の制服が目を丸くする。

女性信者に案内されて、地下のいつもの個室に通される。扉が閉まってから、三人の中ではいちばん若いSが真顔で、「ここでお茶とか出されても飲まないほうがいいですよね」と、僕とNに交互に視線を配りながら不安げに囁く。「彼らには客人に茶を出す習慣はないみたいだよ」と僕が答えると、「とことん非常識な奴《やつ》らだよな」とNが吐き捨てるように言う。

時間は過ぎる。周囲では物音一つしない。二〇分ほどが何事もなく経過して、Sが「どうなってんだよまったく」と緊張に耐えきれない様子でつぶやいたとき、扉が不意に音もなく開いた。白いサマナ服の上に花柄のちゃんちゃんこを着たいつものスタイルの荒木浩が、僅《わず》かに開けた扉の隙間《すきま》から顔を覗《のぞ》かせていた。

「すいませんお待たせして。とりあえず森さんだけ来てもらえますか？」

不安顔の二人を部屋に残して、三階の祭壇がある大部屋へ向かう彼の後に僕は続く。待っていた信者は全員で六名。畳の上で揃《そろ》って蓮華座《れんげざ》を組みながら、荒木浩に紹介される僕に、静かに視線を注ぐ。

「とりあえずは撮影に協力してもよいとのメンバーです。モザイクを使わないという森さんの方針については、私はまだ詳しく話していません。森さんから皆に聞いてみてください」

畳に正座した僕は、まずは今回の企画の主旨を彼ら六人に説明する。全員無言。喋《しゃべ》り終えて、「もし何か質問があれば？」と訊ねてもほとんど反応はない。唯一、おそらくは四十代半ばと推定される女性信者が、「現在メディアではオウムの教義や宗教的な側面の論述がまったくないままにオウム論が進められている」と僕が言ったときに、何度も頷《うなず》いて同調の意を示したことが印象に残るくらいだ。

「基本的に撮影の場には必ず私がいます」

僕の説明を補足するように、荒木浩が信者たちに言う。

「教団として撮影されて困るような状況の場合には、私から森さんにその都度説明します。少なくとも信者の同意なしに撮るようなことはないと森さんも言ってくれてます」

しかし結局二人の女性信者からは、顔を撮影することの同意を得ることは最後までできなかった。

「匿名性を排除したいというあなたの意図はよくわかりました。顔がわからないように撮ってくれるのなら最大限協力します。でも残してきた家族のこともあって、顔が露出してしまうことは困るのです」

喋るのは年配の女性のほうだ。もう一人の若いほうは終始俯《うつむ》いたきりで、ほとんど口を開こうとしない。他の男性信者四名は、決心がつきかねるといった表情。「もし具体的にデメリットがないのなら協力してあげてください」荒木浩が横から言う。しかし四人の男性信者は互いに顔を見交わすばかりだ。ここで引いたらまずい。そんな危惧《きぐ》が閃《ひらめ》いた。多少強引でも、ここでこの場をリードしておかないと、この企画はこの後なし崩しになる。

「じゃあ、今からカメラ回していいですか?」

勢いよく立ち上がりながら僕は言った。声が高くなったのが自分でもわかる。返事はない。信者たちは呆然《ぼうぜん》とした表情で、立ち上がった僕を見上げている。

「荒木さんいいですか?」

「ええ、とにかく約束さえ守っていただけるのなら……」

荒木浩も気圧《けお》されたように頷く。ずっと沈黙していた若い女性信者の肩が、小刻みに揺れている。下を向いたまま、どうやら笑っているらしいことに、そのときになってやっと気づく。

カメラを担いで階段を上ってきたNは敏感に状況を察知し、不安げに中腰になる信者たちからは一定の距離を保ちながら、祭壇や壁の麻原のポスターなどにレンズを向ける。Nの無駄のない動作を横目で眺めながら、黒縁眼鏡にトレパン姿の三十代の男性信者に、この施設から退去した後はどこへ行くのか？　と僕は話しかけてみる。戸惑いの色は隠せないながらも、彼の受け答えの雰囲気には、穏やかで控えめな人柄が滲《にじ》んでいる。

「……実は、近々ここを出て、アパート住まいをする予定があるんですよ」

「大家は、オウムの信者だってことは了解しているんですか？」

「もちろん大家には言ってません。探し始めた最初の頃は隠さないようにするつもりだったんですが、全部断られてしまって……まあ、当然でしょうけどね。私がもし大家でも、勘弁してくれって言いたくなりますよね」

いずれ放送されるこのドキュメンタリー番組の中に素顔の彼が映っていて、当の大家がもし見るようなことがあれば、彼はおそらくその時点で住居を失うだろう。他の信者たちも状況は様々だが、顔を現すことを逡巡《しゅんじゅん》する事情はほぼ同様だ。この青山総本部は今月中の明け渡しを要求されており、これから新たな居住先に彼らは散り散りばらばらになる。「上」からの承諾が、よりによって撮影がいちばん困難な時期とかち合ったのだということが、だんだん僕にも実感としてわかってくる。

「でも、モザイクをかけたから撮ってもいいという論理も困るんです」

横で黙って聞いていた荒木浩が、信者と僕との会話が途切れたのを見はからって、静かに言う。

「今はそれほどでもないですけど、以前は総本部に出入りする信者はほとんど待ちかまえるマスコミに撮影されていました。撮らないでくれって言ったら、モザイクかけるからいいじゃないかって言われるんですけど、モザイクかけたって服や雰囲気で知り合いはわかりますからね。職場とか近所とか、そういうモザイクの上からでも識別できる人たちに、本当は気づいて欲しくないんですから」

Nのカメラは少しずつ、僕に向かって話し続ける荒木浩に近づいてくる。その背後に、ガンマイクを捧《ささ》げるように持つSも続く。二人のスタンバイを横目で確認してから、短く息を吸い、僕は荒木浩にこう訊ねた。

「こそこそするから逆にいけないんじゃないですか？」

挑発的な言い方を敢《あ》えて発した。この半年間、常に物静かに理路整然と宗教観を語る彼にずっと接してきた。その静謐《せいひつ》な彼の表層に、カメラが回り始めた今、まずは小石を投げこんでやりたいと思ったのだ。そして狙《ねら》いどおり、僕の言葉に、荒木浩は感情を一瞬だが剝《む》きだしにした。

「森さん本気でおっしゃってますか？　私たちだってこそこそしたくはありません。でも、オウムの信者だということで、アパートから追い出されたり職場を失う人間は現実にいくらでもいます。マスコミの方は知る権利とおっしゃいますけど、私たちにとっては、本当に生きる権利を剝奪《はくだつ》されるに近い状況になってしまうんです。好んでこそこそしているわけじゃありません。でも、今の状況でオウムの信者だという形で顔が世間に知られることの重大さを、もっとマスコミの人には気づいて欲しいんです」

喋り終えたときには、覗きかけた感情の残滓《ざんし》はもうどこにもない。いつもの気弱な青年の顔だ。一瞬の感情の揺れを恥じるかのように、じっと畳の上の一点を見つめるその表情を眺めながら、自分が素材としての興味を彼に持つ大きな理由は、このあたりにあるのかなと、ふと思う。

翻訳者に成りきれない苦悩

宗教の内側と外側とでは言語が違う。これは僕の直感だ。一連の事件への教団側の見解を聞くにつけ読むにつけ、「単なる言い逃れ」や「見苦しい言い訳」などの、マスコミが好んで使う修辞ではかたづかない、もっと絶望的で本質的な乖離《かいり》を僕は感じてきた。荒木浩はその言語の差違に狼狽《うろた》え、困惑している。これは初めて彼をテレビ画面で見たときの僕の確信だ。オウムと社会という二つの言語を使い分けねばならない広報部の責任者という立場に突然追い込まれ、その乖離と距離をおぼろげながら自覚して、その狭間《はざま》でずっとあがき続けている。

だから彼を素材にすることで、オウムと僕らとの溝を埋める手がかりが見つかるかもしれないと僕は考えた。例えばあれほど弁が立つと形容された上祐だが、言語を翻訳するという使命感と苦悩とはまったく無縁な存在に僕には思え（あくまでもテレビ画面から受ける印象だが、彼は二つの言語の翻訳者としては荒木浩よりはるかに優秀だ。しかし優秀ゆえに、言葉から微妙なニュアンスが削《そ》ぎ落ちている。そしてこのニュアンスに、オウムの本質が投影されていると僕は考えている）、ドキュメンタリーの対象としてはまったく興味を喚起しなかった。

僕にとっては、あくまでも荒木浩だった。彼以外にはありえなかった。広報という立場から、撮影の対象となることとの損得を彼が勘定している可能性はもちろんあるだろう。ないほうがおかしい。しかし動機にいろんな夾雑物《きょうざつぶつ》が混在していようと、ドキュメンタリーという表現手段には、そんな表層を抉《えぐ》るだけのポテンシャルが内在していると僕は信じている。もっとも僕にその力量があるかどうかは、また別の課題だが。

この夜は午前一時から、「師」と呼ばれる高いステージにある信者の講義を聴く「説法会」を予定していたらしいが、担当の「師」が体調を崩しているため今夜は中止とのこと。結局この日の撮影は三階のフロアだけで終始した。途中、カメラを肩に担いだNが傍《そば》に寄ってきてそっと囁《ささや》いた。

「これから何回か撮影はできるんだろ？　今日はあまり焦らないほうがいいと俺《おれ》は思うんだけどな」

「同感だよ」

僕も小声で囁き返す。その場の状況から任意の画《え》を切り取る作業を託すカメラマンの存在と意思の疎通は、時として状況に対して受動的になることも必要なドキュメンタリーの撮影現場においては何よりも重要だ。少なくとも撮影初日の今夜、僕にとってNは、細かな指示などまったく必要のない最上のパートナーだった。

時刻は午前三時を回っていた。「みんな森さんにいい印象持ったようですよ」と、出口の脇で荒木浩が、僕らを見送りながら唐突に言う。

「そう……ですか」

「オウムによく思われても複雑でしょうけど」

一瞬言葉に詰まった僕の表情に、荒木浩はそう言って静かに笑う。

「とにかくこんな撮影は初めてですから。これまでは、断っても逃げても強引に追いかけてくるマスコミという印象しかみんな持っていませんでしたから……」

扉を後ろ手に閉める。背後ですぐさまガチャリと錠が締められる。周囲を見渡すが警備の警官の姿はどこにもない。本部前に停めた車の中には私服がいるが、シートを後ろに倒し、すっかり眠りこんでいるようだ。「何だよ、いい加減なもんだなあ」ずっとタバコを我慢していたSが、機関車のように煙を吐きだしながら、突然大声を上げる。「俺たちの身に何かあったら、あいつらどう警備の責任とるつもりなんすかねえ」

仕事とはいえ、深夜のオウム施設に何時間もこもることへの不安と閉塞感《へいそくかん》がやはりあったのか、若いSの言葉の端々には、無邪気なくらいの安堵《あんど》と開放感が滲んでいた。

帰りの車中、「当り前の話だけどよ、結局みんな純粋な奴《やつ》ばかりなんだよな」としみじみとNがつぶやく。「森さん、次回はもし出されたら、お茶くらいは飲みましょうね」とSが元気よく言う。

「今夜のこの部分は放送できないでしょうね？」

初日から三日後の二回めの撮影は、軽量のデジタルカメラを使い、Nと二人だけで行くことに決めた。ともかくカメラという異物が施設の中にいるという状況に彼らが馴《な》れることが先決だ。そしてそのためには少なくともこの時点では、大袈裟《おおげさ》な業務用機材よりも軽微な機材で、更にクルーも最少人数に限定するほうが良策だと、Nと意見が一致したのだ。

約束の時間はやはり深夜の十一時。Nはデジタルカメラを肩に下げ、スリッパを入れたビニール袋を手にぶらさげて、直接待ち合わせをした青山総本部前にやってきた。

「進歩がねえな」

スニーカーを履く僕の足下を見ながら、相変わらずの不機嫌そうな口調で言う。

「このあいだ終わって家へ帰ったら靴下真っ黒でさ、青山総本部の中にいたって言ったら女房に靴下捨てられちまったぜ、あんたも少しは工夫しろよ」

四トントラックが横づけされた深夜の青山総本部は何やら騒然として、妙に緊迫した雰囲気が漂っていた。前回顔見知りになった何人かの信者が無言で目配せをしながら、扉の脇《わき》で荒木浩を待つ僕とNの横を通り過ぎる。壁には「綺語《きご》は最小限に」と書かれた紙が貼《は》られている。要するに言葉は最小限にするという修行の一環だ。挨拶《あいさつ》すらまともにしないと、洗脳の証《あかし》としてよくメディアに描写される彼らの特質の一つだが、別にオウムに限ったことではなく、仏教系ならどこにでもある教えの一つのはずだ。

しかし必ずしも全員が画一的なわけではない。「あら今晩は！」と明るく声をかけてきたのはこのあいだの六人のうちの一人の女性信者だ。引越しの準備なのか、彼女も荷物を手に何度も玄関から出入りをくりかえす。前回はほとんど目も合わせてくれなかった彼女の、この急激な変化に内心戸惑いながらも十五分ほど経過した頃、傍らのエレベータの扉が開き、荒木浩はやっと姿を現した。

「森さん今夜は実は……」

挨拶もそこそこに荒木浩は妙に焦った調子で言いかける。同時に、建物の内部のそこかしこに設置されたスピーカーから、「荒木さん、内線をおとりください」とアナウンスが響く。壁に貼られた様々な掲示物や床の上の積み重ねられた段ボール箱を撮りながら、Nのカメラのレンズは少しずつ、玄関扉の脇で受話器を耳に当てる荒木浩に近づいて行く。封鎖、第六、清算人などの単語が、彼の口の端からきれぎれに聞こえる。

「上九のサティアンなんですけど、今夜急に封鎖されてしまったらしいんです」

やっと受話器を置いた荒木浩が僕に言う。

「清算人との約束では、荷物を全部運び出してから封鎖されるはずだったんですけど、たまたま中にいた何人かが外に出て、帰ってきたらもう中に入れなくなっていたらしいんです」

横で話を聞いていた女性信者が、「あらま、それは大変」と言う。「ひでえなあ」と頭にPSI（マスコミ用語ではヘッドギア）をつけた若い男性信者が、段ボール箱を運びながらつぶやく。しかし言葉とは裏腹に、どこか悲壮感は希薄だ。

「私物も全部中に入ったまま封鎖されちゃったんですよ……」

困惑したようにつぶやく荒木浩一人が、妙にこの空間では浮いて見える。

三階の広報部の席に戻った荒木浩は、回るカメラの前で清算人の自宅に電話をかけた。

「夜分大変申し訳ありません。オウム真理教広報部の荒木と申しますが」で始まった電話は、時間が一般の常識の範疇《はんちゅう》から考えればかなり遅いことを除けば、決して先方の感情を害するような修辞は使われていなかった。しかし先方（清算人である小野弁護士）は、一方的に激昂《げっこう》しているらしい。「話を聞いてください」と荒木浩は何度も懇願するが、受話器からはきれぎれに、初老の男の怒鳴り声が洩《も》れるばかりだ。

「話を聞いてくれません」

最後には一方的に電話を切られたらしく、受話器を手にしばらくの放心のあと、荒木浩はカメラの横にしゃがみこんでいた僕にそうつぶやいた。

「小野さん、何ておっしゃってるんですか？」

「行ったらいなかったから封鎖したんだの一点張りで、……最後にはうるさいと言われました」

　そう言ってから荒木浩は、僕の傍らのカメラに視線を移して苦笑する。

「おまえらなんか人間じゃないって言われたこともありますよ。一人前に権利なんか主張するなって。……だけど、今夜のこの部分は放送できないでしょうね？」

　言われて僕は口ごもる。昨日、全メディアが震撼《しんかん》するほどのオウムにまつわる事件があった。そしてこれがきっかけになって、今回のこのドキュメントの制作を巡る大きな動きが、この日の昼間あったばかりなのだ。

二　命じられた撮影中止

「わからないのか。オウムは殺人集団なんだ」

この二回めのロケの前日、坂本弁護士一家事件を巡るTBSの問題が発覚した。僕の勤める制作会社でも、朝十一時に契約も含めて社員全員を招集し、この問題についての役員の所感を通達した。「常に上司への報告と相談を怠らないように」と間の抜けた訓示を聞かされ机に戻った直後、僕の直接の上司であり、今回のドキュメントのプロデューサーとなる制作本部長から、会議室に至急来るようにとの伝言が入った。

「オウムのドキュメントなんだが、進み具合はどうなんだ?」

「今夜も撮影に行く予定です」

「どうして君はこのドキュメントの企画書を私に提出しないんだ?」

「出したじゃないですか」

「あんなものは企画書とはいえない。自分の思いしか書いてないじゃないか」

「それが今回のテーマですから」

るんだけどね」

「自分が何を撮ろうとしているのか、どうも君にはその自覚が足りないように私には思え
思わせぶりな彼の言葉の意味が、言われてすぐには把握できなかった。応接セットの長《なが》椅子《いす》でセーラムライトをくゆらせながら足を組むこの男（四十代後半の若さで制作本部長に就任し、業界ではやり手として評判なのかもしれないが）に、自覚が足りないと唐突に批判されるその根拠を、僕はまだ一度も聞いていない。

「すみません、おっしゃることの意味が……」

そこまで言いかけたとき、テーブルの上の電話が、チカチカと点滅をくりかえしながら内線を告げる。即座に受話器をとった制作本部長は、「わかった、つないでくれ」とつぶやき、一瞬の間を置いて、突然頭のてっぺんから声をだす。

「お世話になります。いやいやとんでもない。これまでの数字がとにかく悪すぎたことは事実ですし、このくらいじゃカンフルにもならない。いやいや、そんなことないですよ。アゲンストはまだまだ続くと思っておりますから」

電話は親会社に等しい局の編成の誰かからなのだろう。彼がプロデューサーとして参画しているゴールデンタイムのクイズ番組が、不振な数字を記録し続けていることは、僕も知っていた。それが昨日のオンエアで初めて二桁《ふたけた》を記録したらしい。まだまだ目標値には程遠いとはいえ、受話器に向かって喋《しゃべ》り続ける彼の口調は軽い。灰皿に置かれたセーラムライトが半分ほど燃え尽きる頃、「いやいや、そういうことで宜《よろ》しくお願いします」と電

話は終わった。

「何を話していたっけ?」

受話器を置いてから彼は真顔で聞いた。この男の目は常に現在進行形しかない。僕は思う。まさしく鳥の目だ。

「僕が何を撮るつもりなのか、よくわかっていないと、今あなたが仰《おっ》しゃったところです」

「ああそうか。しかたないだろ、テーマを君が提出しないからだ」

「……出してます」

「抽象的すぎるんだよ。既成概念を排した信者の日常だけじゃテーマにならない。もっと具体的なテーマと構成を出してくれ」

「これから撮影が始まるのに、あなたが仰しゃるような具体的なテーマや構成なんて提示できません」

「できるんだよ」

二本めのセーラムライトに彼は火をつける。頰《ほお》がへこむ。煙が辺りに漂う。

「みんなそうしてる。そうやって番組企画を通してるんだ」

「これはもう通ってます。直接局と僕が交渉してますから」

「他の企画ならそれで問題はないかもしれない。しかし、君がこれから撮るのはオウムなんだ。そういう問題じゃないんだ」

「……仰しゃることがわかりません。オウムの何が問題なのですか？」

「ＴＢＳの件は君はどう考えているんだ？」

「話が違います」

「オウムは殺人集団なんだ。そのドキュメントを撮るのなら、それなりの理論武装と方法論が必要なんだ。そこまで説明しないとわからないのか？」

「ですから、彼らが殺人集団だという既成の概念を捨てて対峙《たいじ》したとき、そこから何が見えるのか？　というのが、この企画のテーマです」

「そんなテーマはありえない。殺人者の集団はどう見ようと殺人集団なんだ。その組織のドキュメントを撮るのなら、それなりの方法論があるはずだ。君が思いつかないのなら私から呈示する。まず一つは、例えば江川紹子《えがわしょうこ》や有田芳生《ありたよしふ》など、反オウムのジャーナリストを積極的に起用することだ。レポーターとして起用することがいちばん望ましい」

「レポーター？」

「次に、信者の日常を撮るのなら、被害者の遺族や信者の家族は必ず取材して、社会通念とのバランスをとることを目指して欲しい。信者に言わせっぱなしは絶対に駄目だ。そして三つめの条件は、番組放送前に、素材を見せることを要求しないことを約束した念書を荒木に書かせることだ。これが条件だ。これを一つでもクリアできないのなら、このドキュメントは会社の制作としては認めることはできない」

「一つも呑《の》めません」

即座に答えていた。腹立ちで声のトーンが上がっていたことは事実だ。制作本部長の表情が一変した。

「僕は今まで、ドキュメントを作る過程で、被取材者に映像を見せたことは一度もありません。念書なんか必要ないし、レポーターなんて話にならない」

「相手はオウムだ。信用できるわけがないだろう。念のため書いてもらうだけだ」

「念書によって維持されるような関係性ではドキュメンタリーは作れません」

「オウムは例外だ。とにかくこの企画書は意味不明だ。日本人のメンタリティを探るってこれは何だ?」

「……文字どおりですよ。英語はわかりますよね?」

「日本人のメンタリティなんて、テレビを見る誰も知りたいとは思っていない」

「僕は知りたいんです」

「見る人は君じゃない。君はプロとして自覚に欠ける。私はここまで譲歩しているんだ。どうしてそれがわからないんだ?」

「……たぶん、この話し合いはこれ以上続けても意味がないですよ」

「とにかくこの条件を呑まないのなら、会社としては君の企画を認めるわけにはいかない」

「局には通ってるんですよ」

「勝手にやればいい」

椅子から腰を上げながら、「君が考えを改めないのなら、うちとしてはこの企画はなかったものにする」と最後に彼がもう一度言い残して、話し合いは決裂した。

しかし制作会社の方針がどう変わろうと、放送を決定する局の担当がとにかく制作に合意している以上は、企画としては消滅はしていない。打つ手はある。単独に局と契約し直して、局が直接の制作母胎になるという方法もある。あるいは、少々荒っぽいやり方だが、この企画に関してのみ新たな制作会社を探してもよい。とにかくまだ打つ手はある。

所属する制作会社の制作本部長とのこの諍《いさか》いがあってから数日後、局の担当プロデューサーから会社に電話があった。今回のドキュメント企画に合意していたはずの彼の上司であるチーフプロデューサーが、いきなり今朝になって、この企画の放送は難しいと言い始めたとのこと。チーフプロデューサーの権限は絶大だ。彼が「放送は難しい」と表現したのなら、即ちそれは「放送は見合わせる」に等しい。受話器を握りしめながら言葉を失ったが、しかし拍子抜けするくらいにわかりやすい話でもある。要するにこの数日間で、「手を回された」わけだ。ある程度の予想はあった。しかしやはり現実に、発表の場がなくなるかもしれないことを考えると深刻だ。

「所詮《しょせん》は俺《おれ》もサラリーマンだからなあ、上にこれ以上突っ張ることは難しいんだよ。でも余計なお世話かもしれないけど、この企画なら、他の局でもすぐ通ると思うよ」

局の担当プロデューサーのそんな言葉を聞きながら、とにかく礼を言って受話器を置いてから天を仰いだ。撮影を一旦《いったん》中断して、他の局に企画書を持って回るだけの時間的余裕はない。ドキュメンタリーは、撮る側と撮られる側との、ある意味でのテンションの均衡が必要だ。半年近くの助走が必要だったこの企画を、今ここで中断すれば、おそらくは二度と再開はできない。

こうなれば選択肢は一つだ。自分で撮る。

「カメラ、回っていましたね」

機材レンタル会社から自費で借りたデジタルカメラを手に、青山総本部を一人で訪ねる。ロケ初日は三人のクルー。二日めは二人。そして三日めの今日はたった一人だ。清算人が所属する第二東京弁護士会に、例のサティアン封鎖の件で抗議に行くという荒木浩に同行することを電話で約束していた。

ここ数日の作品を巡る事態の急激な変化を、彼に話すべきかどうかは悩んだが、隠したところで、この撮影クルーの人数の激変を、彼が疑問に思わないはずはない。ならば先手を打ったほうが得策だ。

細かな経緯は省略しながらも、しばらくは単独の撮影となることと、新たな放送局をこれから探すという僕の説明に、荒木浩は意外にも動揺の気配はほとんど見せなかった。とにかく撮影は継続するし、放送できなくなることは絶対にありえないと必死で説明し終えた僕に、彼はぽつりとつぶやいた。

「正直、多少は予測していました」

「……そうですか？」

「森さんが言うように、偏見や思い込みを本当に排除した私たちのドキュメントを今のテレビが放送してくれるはずがないという意見が、実は幹部の間にかなり強くあったんですよ。結局はいつものように騙《だま》されるだけだって」

「荒木さんは？」

　カメラのスイッチを最小限の動作で入れながら僕は訊《たず》ねる。

「荒木さんもそう思っていましたか？」

「……私は少なくとも実際に森さん自身には、何度も会っています」

　荒木浩はそこで小さく息を吸う。口許に微《かす》かに笑みが浮かぶ。

「それにもし、騙されて私たちを一方的に攻撃するような内容で放送されたとしても、私たちにとっては今とそう状況が変わるわけじゃないですから」

　そう言って俯く荒木浩に、人間不信の宗教家ってのは辛《つら》い立場ですね、と言いかけたが、揶揄《やゆ》にしか聞こえないだろうと言葉を咽喉《のど》の奥に押し戻す。言葉の端々に覗《のぞ》く彼らのこんな外の世界への敵意を、加害者としての自覚がないゆえに抱く、妄想にも近い被害者意識だと論じたジャーナリストがいた。一面の事実なのだろうと思う。しかしこれに依拠するだけの実感はまだ僕にはない。ワイドショーや週刊誌が、切り捨て、断罪する作業を主とするジャーナリズムなるものに依拠するのなら、僕は少なくともこれから、拾い上げ、共有できるものを探すドキュメンタリーという作業に従事するのだ。そしてこの作業は、今回に関してはとてつもなく危険なのだという自覚も同時にあった。

ドキュメンタリーのオファーは過去一度もなかったと荒木浩は僕に告げた。日本のメディア従事者たちが、「オウムをドキュメントで捉《とら》える」という発想を誰一人として持たなかったとはもし仮定できるのなら、彼らはその作品が、必然的に内包する危険さを感知したからこそ忌避したのだろう。

「なぜサリンを撒《ま》いたのか？」

この疑問が解けない限り、僕らの中では地下鉄サリン事件は終わらない。この疑問が続く限り、オウムに残る信者たちは今も、僕らの意識の裾野《すその》では、連日人を無差別に殺傷し続ける絶対悪の存在のままだ。あらゆる事件において、動機は事件を読み解くためには最も重要な要素だ。しかし、間近に迫った強制捜査の目をくらますため地下鉄に毒ガスを撒いたと説明され、いったい誰が、なるほどそういうことかと膝《ひざ》を打てるだろう？　少なくとも僕には納得できなかった。他に理由があるはずだと考えた。しかし理由は未《いま》だに不明のままだ。動機はまったくわからない。ならばそれ以上の思考を止めて、だからオウムは怖いのだと納得するしか術《すべ》はないのか。

撮る側と撮られる側との「共有」が不可欠な要素である限り、得体の知れないオウムの信者を対象にするドキュメンタリーという発想は、少なくともマスメディアには馴染《なじ》まない。思いついた段階で、危険でまがまがしいものとして、自ら封印したとしても何の不思議もない。メディアに棲息《せいそく》する人種としては当然の判断なのだろう。しかし結果として、僕は撮影に踏みきった。明確な理由は説明できない。今はただ自分の直感を信じるだけだ。

思いつめた表情の一人の信者から、「カメラを向けられるとエネルギーが乱れるんです」と、撮影への不満を突然訴えられる。彼を説得している最中に集まってきた他の信者たちも口々に同じ不満を訴え始め、一人ひとりに必死に説得を続けながらも、内心これで撮影は中断かと冷や汗をかいていた。しかし、そのやりとりの最中も、肩に下げたカメラはこっそり回し続けていた。異物の存在が如何《いか》に修行の妨げになるかということを、遠慮がちながらも懸命に訴える彼らの真摯《しんし》な姿勢に、普段見せる部外者へのよそよそしさとは違う、ある意味で本音に近い部分が覗いたと思ったからだ。

荒木浩も途中から論議に加わり、「最初から今月末に迫った青山総本部の退去までという約束だし、その意味ではもう数回の撮影なのだから」と皆を説得してくれる。やっと納得した信者たちが別室に行ってから、荒木浩はぽつりと言う。

「カメラ、回っていましたね」

まさしく顔から火が出た。ジャーナリズムとしては正当な行為なんだと自分に対しては正当化できても、取材対象者である彼らに対しては遠吠《とおぼ》えにすらならない。相手や状況によって破綻《はたん》する論理なら、やはりどこかに無理や欠陥があるということなのだろう。

そういえばカメラを回しながら、今までは無自覚にルーティンワークとして実践していた方式や手法をとることに、どうしても気後れが先にたつことに気づき始めていた。自分自身でカメラを回していることも遠因なのかもしれないが、「撮る」という行為にまとわりつく奇妙な後ろめたさがどうしても払拭《ふっしょく》できない。とにかく皆を説得してくれた礼を言うと、数秒の沈黙の後に荒木浩は静かに言った。

「私も撮られることには馴《な》れているつもりでしたけど、ドキュメンタリーの対象になることの負担は、今までの他のメディアとは比べものにならないことに今頃気づいています。できれば中止したいと思ったことも事実ですが、でも約束は約束ですから」

別の視点から見た取材の現場

サティアン封鎖の件で、清算人に抗議に行くという荒木浩と二人で総本部を出る。ところが、ちょうど訪ねてきたワイドショーの女性ディレクターに本部前で摑《つか》まり、路上で強引に取材が始まる。撮影は駄目です。荒木浩はまず彼女にそう言った。

「このあいだオンエアした内容について、明らかな事実誤認があるということで、私は訂正を求める抗議書を番組宛《あて》に送っています。ご覧になっていますよね?」

「ええ、確か……もらっているはずです」

「それに対しての返答をずっと頂いていないんです。そんな段階で取材を受けることはできません」

今日は撮影クルーを帯同していない。取材ではなく、自分一人が個人的に話をするために来た。そう説明しながら彼女は、取材ノートをとりだし、現在の教団の活動状況についての質問をくりかえす。懇願されると拒絶しきれないのは荒木浩の生来の気の良さなのか、カメラや録音テープはなしという条件で、いつのまにか取材が始まっていた。

「荒木さんのドキュメンタリーを撮っている者ですが、撮影させて頂いて宜しいですか?」

カメラを回しながら訊ねれば、「別にこちらは構いませんよ」と拍子抜けするくらいにあっさりと女性ディレクターは承諾した。路上での二人の質疑応答が三〇分ほど経過した頃、彼女の言葉のニュアンスが微妙に変わり始める。「カメラは常にどこかにいるわけですから」と意味不明のことを言い始め、しきりに周囲に視線を配る彼女の落ちつかない様子に、「クルーを呼んだな」と僕は察しがつく。数分前、「局に連絡をしなくてはならないので」と交差点の脇《わき》の公衆電話を使ったが、たぶんそのときに呼んだのだろう。

しかし現れたのは他局のクルー。数分遅れて彼女の番組のクルーも到着するが、取材の順番を巡って両者は険悪な雰囲気となる。カメラの前に立ったとか立たないとかで言い争いが始まり、その隣では荒木浩が、「どうしてカメラが来るんですか。約束が違います」と女性ディレクターに詰め寄り、その横では青山総本部警備の若い警官が、唾《つば》を吐きかけられたと通行人の若い男に血相を変えて「逮捕するぞ」と恫喝《どうかつ》していた。

三つの争いは半径にすれば五メートル以内の、まったく同じ時点で進行した。そしてその三つの争いのあいだを、僕はカメラを手に走り回る。カメラに気づいた警官が、照れくさそうに笑いながら、「ほら見てくださいよあのヤロウここに唾を吐きかけたんだよ」と制服の襟元をレンズの前に突き出す。「先にガンつけたのはてめえじゃねえか」と、他局のディレクターが女性ディレクター側のカメラマンに凄《すご》みをきかす。撮影されることを頑《かたく》なに拒み続ける荒木浩に、女性ディレクターがたまりかねたように甲高い声をあげる。

「でも、私たちにだって報道の自由があるんですからね」

一度口にしたこの言葉を、女性ディレクターはその後も何度も口走った。僕もどこかで無意識のうちに使っていたかもしれないこのフレーズが、視座を変えればこんなにも安っぽく空虚に聞こえる。「報道の自由」という主張は本来なら、報道を妨害する権力や圧力に対して拮抗《きっこう》すべきフレーズのはずだ。少なくとも、「正式な返答を頂くまでは取材はお断りします」と、撮影を拒絶する一個人に向かって発するべき言葉ではない。

集まりだした野次馬や他のマスコミを避けて、荒木浩は一旦《いったん》総本部内に戻る。監視カメラでずっと様子を見ていたらしい警備の信者数名が、「何が始まったんですか？」と目を丸くして僕と荒木浩に交互に訊ねる。

「カメラさえなければみんな悪い人じゃないんですけどね」と荒木浩が答え、そのすぐ隣でカメラを構えている僕に全員が視線を送って大笑い。僕も笑った。「このシーンはNGになっちゃうなあ」と意識の隅で思いながら、揺れるファインダーに右目を押しつけたまま、大声をあげて笑っていた。

オウムの中から見た社会

頃合いを見計らい、マスコミが帰ったことを確認して再度出かけようとすると、今度は、張り込んでいたらしい捜査一課の刑事が、「単独行動は危険だ」と渋谷駅に向かう僕と荒木浩の間に割り込んでくる。カメラを向けると刑事は真顔で怒った。

「いいかい、もしも荒木さんに何かあったらあんたの責任になるんだよ」

そう言って片手で撮影を拒絶する刑事に、「だったら離れて歩いてくれ」と要求すると更に顔色が変わった。傍らで立ち尽くす荒木浩に聞こえないように、僕の耳にタバコ臭い口を寄せる。

「よく聞けよ。右翼も動いているし、今朝から会津小鉄の動きが妙なんだ。村井みたいなことに荒木がなったらどうすんだよ？　あんたらにとっては、それもスクープ映像ってことになるかもしれないけどさ。だけどよく考えなよ。オウムだって人間なんだからさ」

憮然《ぶぜん》とした表情の刑事に見送られながら、地下鉄に乗って霞ヶ関《かすみがせき》の弁護士会館へ向かう。清算人である小野弁護士は不在で、ロビーで代わりに応対した弁護士と荒木浩とのサティアン封鎖を巡る論争を、階段の踊り場から見下ろす形で、しばらく隠し撮りを続ける。

途中、不審げに擦れ違う弁護士たちの視線に何度か肝を冷やしたが、発覚してもかまわない、という捨て鉢な気分もあった。そもそも弁護士会館の中で弁護士を盗み撮りした映像をテレビで放送できるはずがない。いやこのシーンだけでなく、メディアや警察など、荒木浩の周りで展開した今日一日の撮影要素のほとんどは、いずれにしても使えない。仮に使うことを許されたとしても、顔にモザイクをかけたり声を変えたりするなどの加工や修正は、当然のこととして要求されるだろう。

「オウムの中から外を見る」……最初にドキュメンタリーを撮ることを思いついたときから、この視点への着想はあったし、見える光景へのある程度の予感はあった。しかし実際に、今日を入れて三日間の撮影を経過して、収録された施設外部の光景は、机上の予想をはるかに超えた濃度だった。馴れ親しんでいたはずの社会の、かつて一度も目にしたことのない、剝《む》きだしの表情がそこにひしめきあっていた。この濃密な世界を、映像にいっさいの加工や修正を施すことなくテレビで放送することは難しい。いや、おそらく不可能だ。表現や手法のレベルではない。「日本人のメンタリティを撮る」という着想を捨てない限り、この作品の本質そのものが、テレビというマスメディアには決して馴染《なじ》まないことは自明なのだ。

ある程度の撮影が進んだ段階で、他の局や制作会社に企画を持ち込むことを考えていた僕は、オウムと社会との狭間《はざま》に立ちながら、この状況に呆然《ぼうぜん》と立ち尽くすだけだ。「社会への視点」を諦《あきら》め、オウムの信者たちの本音や日常生活という要素だけでも、たぶんテレビではタイトルに『！』が幾つもつくスクープ映像として成立するだろう。しかしそれでは意味がない。施設の中と外、その光景を等量に見る。その視座を手放すことは、この作品の本質を放棄することと同義なのだ。

選択肢はない。まったくない。「社会への視点」がある限りはテレビというメディアでは発表できない。そして発表しないのなら、そもそも僕がここにいる意味はない。

三　オウムと社会との狭間

「実際に体験さえすればわかることなんです」

上祐史浩初公判のこの日、午前十時前に青山総本部着。建物の周囲を所在なげにうろついていたスポーツ新聞の記者に、「あんたが中に入って行くところを何度も見ているが、いったいどこの人間なんだ？」と話しかけられる。

所属を訊《たず》ねられれば、今契約している制作会社の名を言う。この作品について訊ねられれば、個人でやっていると答えるつもりだが、そこまで訊ねられることはまずない。所属する組織の名を告げると同時に、その人間と仕事の固有性が規定されてしまう。ある意味で当り前の話だ。しかしその当り前さに、いつのまにか奇妙な違和感を抱いている自分に気づく。

この日の荒木浩は、電話での取材の申し込みや依頼に対応することに終日忙殺されていた。カメラを手に僕が施設の中を動き回ってもほとんど気にはとめない。他の信者たちも同様だ。撮影初期の頃には、常に荒木浩は僕の側にいた。カメラを回すときには彼が立ち会うことが、暗黙のうちに決められていた。しかし今は、以前なら嫌がった礼拝や修行の様子の撮影もほとんど拒絶されることがない。僕に対しての彼らの警戒心が急速に減少していることを実感する。大仰な通常のカメラクルーのチーム編成ではないことがその背景にあることは確かだが、何よりも、彼らの本来の資質である警戒心の薄さと無防備さが、撮影四日めのこの日、少しずつ露呈し始めているのだと思う。

　一旦気を許してしまえば彼らはほとんどカメラには頓着《とんちゃく》しない。そんなことまで、とこちらが思うようなことも平気で口にする。とにかくこの日の後半は、カメラを手に、自由に施設の中を探索する。

　顔の撮影は拒絶する年配の女性信者と、地下一階の女性信者専用の大部屋で、カメラを回さずに話し込む。「顔を映さないならいいのよ」と言われるが、施設内をうろうろ徘徊《はいかい》しながら、何かといえば反射的にレンズを向ける行為に、自分が奇妙な後ろめたさを感じていたことも事実だ。

「いいですよ、カメラはちょっと休憩」

　そう言ってカメラを足許に置くと、

「本当はあたしもそのほうが話しやすいわ」

　と床に直接座り込みながら、彼女はにっこりと微笑《ほほえ》んだ。

　かつては家族四人で出家した彼女だが、地下鉄サリン事件以降に脱会した夫と長男が、彼女と次男を脱会させるために様々な手段を講じてくるため、顔はやっぱりまずいのよと申し訳なさそうに何度も弁解する。しきりに咳込《せきこ》みながら、「最近修行ができていないから、エネルギーの状態が荒れちゃって」と何度もくりかえす。

オウムが毒ガスで攻撃されたことを、彼女も全面的に信じ込んでいる。「他のあなたの言い分を仮にすべて信じることができたとしても、米軍の毒ガス攻撃の論旨だけは、あまりに説得力がない」とたまりかねて言うと、「私もそう思います」と真顔で答える。

「確かに普通に考えれば、米軍にメリットはないかもしれません。でもね森さん、理屈じゃなく実際に毒ガスで死ぬ一歩手前の体験をすれば、あなたにだってわかります」

「それは、オウムが製造していたガスが洩《も》れたんじゃないのですか？」

「上九だけならそれもあるかもしれません。でも私は実際この青山総本部でガスを吸って失神したことがあるのです。尊師がいらっしゃるというので、お泊まりになる部屋を掃除していて、そのまま気を失ったんです。私だけじゃない。他に何人もいます。森さん、実際に体験すればわかります。真実が何か、私たちは何者か、オウムとは何なのか。すべてあなたが実際に体験さえすれば、わかることなんです」

傍らを通りかかった信者から、「五階の引越しの準備をするが撮りますか？」と話しかけられる。つい先日、彼から撮影に関しての抗議を受けたこともあって、思わず小柄なその体軀《たいく》を抱きしめたくなる。実行したのなら、エネルギーが最大限に汚染されると彼は卒倒するだろうが。

僕の記憶では、五階は未《いま》だに一度もマスコミに公開されていないはずだ。信者たちが事務机やロッカーを運ぶのを横目に、「正大師・尊師専用」と表示されたバスルームを撮る。

浴室の隅に、今度は「尊師専用」とマジックで書かれたシャンプーを発見して、思わずレンズを近づける。ズームの角度やテンポを変えながら何パターンか撮影をくりかえすうちに、「尊師専用」の単語に小躍りして撮る自分の姿そのものが、意識の裡《うち》ではいつのまにか被写体になっていて、説明しがたい空しさに近い感覚が、胸いっぱいに広がっていた。シャンプーはどこにでもある花王のシャンプーだ。しかし「尊師専用」の文字が、このシャンプーを呪文《じゅもん》のように撮影対象に変えてしまう。

撮影者としては当り前の行為なのだ。しかしまとわりつく奇妙な違和感と居心地の悪さをどうしても拭《ぬぐ》いさることができない。

……ずっと考えていた。撮影対象であるオウムについてではない。自分についてだ。「オウムとは何か?」という命題を抱えて撮影を始めた僕が、いつのまにか、「おまえは何だ?」「ここで何をしている?」「なぜここにいる?」と自分に問いかけ続けている。

夕刻。撮影を終えて帰社。僕の机のすぐ横で、配下のプロデューサーと顔を寄せ合って話し込んでいた制作本部長がちらちらと視線を送ってくる。ボードには私用とは書いていたし夕方の出社が珍しい業界ではないが、さすがに気まずい。

机に座るなり、制作本部長と話し込んでいたNプロデューサーが話しかけてきた。

「実はもう決まったことなのだが、うちがずっとレギュラーでやっている総理府提供の政府広報番組を四月から担当してもらいたいんだ」

制作本部長の指示であることは考えるまでもない。「森にはドキュメンタリーは任せられない」と最近公言していることは人づてに聞いていたから、いずれ何らかの辞令を受ける覚悟はしていた。レギュラー番組を担当すれば忙殺の日々となる。今後は業務以外、ほとんど余分な時間は作れない。しかしとりあえずの仕事がない契約ディレクターに対してのこの指示は、会社としては当然な行為でもある。余分な時間が作れないのなら、必要な時間を削ってでも時間を捻出《ねんしゅつ》するしかない。やっと定期的な収入が保証されたと安堵《あんど》する家族の顔を視野の片隅に追いやって、「そんな忙しい仕事は拒否します」とはとても言える状況ではない。

辞令を受けてから五日後の夜、荒木浩から自宅に次回のロケの日程についての電話があった。取材対象に、自宅の電話番号という家族も巻き込むプライベートな要素を教えることには習性的な忌避感が実はあった。しかも相手はオウムなのだ。しかし会社に彼からの電話やFAXが来た場合の立場の悪化や瑣末《さまつ》さという物理的な理由に加え、自宅の電話番号を伝えることを条件反射的に躊躇《ちゅうちょ》する自分への後ろめたさがあって、三日前に送ったFAXに、自宅の番号を思いきって記したのだ。

最初に電話に出た妻の感想は、

「本当に今の電話、あの荒木さんなの？　何だかおろおろしていて可哀想《かわいそう》ね」

横でそのやりとりを聞いていた長女と次女は、「オウムだオウムだ」と興奮気味。「オウムって知ってるの？」と今年九歳になる長女に訊ねれば、「知ってるよ」と彼女は即座に胸を張って答える。

「たくさんの人を殺した悪い人たちよ」

「外の社会を撮っています」

四月上旬の日曜日。京浜急行に乗って横浜の黄金町へ向かう。今回はデジタルカメラがどうしても調達できず、友人から借りた8ミリビデオカメラを持参する。機材をレンタルでまかなう以上は、稀《まれ》にだがこういう事態も当然ある。画質は落ちるが仕方がない。更に一日につき一万円プラス消費税という金額のレンタル料は、テープ代も含めればかなりの負担であることも事実だ。

教えられた住所の辺りでしばらくうろうろしてから、やっと目指すビルにたどりつき、何階かを確かめるために教えられた電話番号をダイヤルする。「二階です。上がってきてください」と荒木浩から返事をもらい、赤錆《あかさ》びた階段を上って扉を開けば、いきなり東南アジアのスラムのような猥雑《わいざつ》な生活空間が、目の前に広がった。奥の部屋で寝ていた老婆が、半透明の寝間着の裾《すそ》を手繰らせながら現れて、「信者なのかな、初めてのタイプだな」と思いつつ、「オウム真理教の荒木様に約束しています」と告げれば、口をぽかんと開けて目の玉をひん剝《む》いた。

……結論。偶然にもビルの名前は同じだが、駅前の最初の角を一本早く曲りすぎた僕の勘違い。いきなり現れた男にオウムと口走られて、ショックで口もきけない気の毒な老婆を部屋に残してあわてて飛び出し、それから十分ほど、再び満開の桜並木の下をカメラバッグを肩に小走りに歩き、指示どおりに角のガソリンスタンドを曲ると、荒木浩が目指すビルの前で立って待っていてくれた。

三〇畳ほどの畳敷きの道場で、この道場の現在の責任者である二人の幹部信者を紹介される。二人は突然カメラを持って現れた僕に明らかに困惑していた。既に荒木浩から撮影についての説明が済んでいるとばかり思っていたのだが、どうやらそんな気配はなく、時折見せる彼のこの手際の悪さに内心は苛立《いらだ》ちながらも、立ち尽くす二人に今回の取材の意図を改めて説明する。

「荒木くん、承諾しているんだよね？」

説明が終わり、数秒の沈黙の後、傍らに立つ荒木浩に一人が視線を送る。

「はい、私は承諾しています」

「……まあ荒木が承諾しているのなら、いいですよ」

「顔はさっき言いましたようにモザイクを使いませんか？」

「どうぞ。構いません」

もう一人が気乗りしない調子でぼそりと言う。竹刀《しない》を手から放さない彼の印象は、大学の合気道部などでよく見かけそうないかにも求道的《ぐどうてき》なタイプ。小柄な体軀《たいく》に微笑を絶やさないもう一人は、いかにも頭が切れそうな理論派タイプ。年の頃は二人とも荒木浩とほぼ変わらない二十代後半から三十代前半といったところか。

集まってきた信者たちの修行の様子を撮り、洗濯物や洗面用具などの生活の雑感を撮る。至る所に麻原の顔写真や説法が書かれた紙片が貼《は》られていることは青山総本部と変わらないが、ここでもいちばん多く目につくのは「人は死ぬ。必ず死ぬ。絶対死ぬ」のフレーズだ。

窓の外は、満開の桜並木が見えるうららかな春の陽射《ひざ》しでいっぱいだ。お揃《そろ》いのポロシャツを着た若い夫婦が幼い子供の手を引いて、桜並木の下をのんびりと歩いている。宅配便の軽トラックが猛然と走り過ぎる。ガソリンスタンドの従業員が「ありがとうございまあす！」と大声を張り上げる。そんな窓の外の光景にカメラを向けていた僕に、傍らの床で黙々とヨガの修行をしていた女性信者がふいに話しかけてきた。

「何を撮っているんですか？」

「外の社会を撮っています」

「……変わった方ですね」

「そうでしょうか？」

「私、前は上九にいましたから、時折マスコミの方が見えましたけど、オウムの施設に来て外ばかり撮っている人は初めて見ました」

そう指摘されて、自分の行為は確かに少し妙なのかもしれないと改めて考える。オウムの施設の中に視座を置いて外を見たとき、自分が今まで知らなかった光景が眼前に広がるのではないかという予感はあった。そして今、こうして実際に撮影を続けながら、その予測は少しずつ確信に変わりつつある。

「尊師の脳波は止まっているんですよ」

「今のこの社会状況はね、オウムの教えをどれだけ体得できていたかという意味では、格好の試練だと私は思っているんですよ」

竹刀を持った幹部信者Tは、カメラのスイッチを入れた僕に、いきなりそう言いきった。二人の幹部信者に僕はインタビューを申し入れた。モザイクはつけないことが前提なのだから断られて当然と思っていたが、意外にも二人は二つ返事で承諾した。

「最近ますます意識が透明になってきたなあと感じてます。その意味では事件が起きたことへの感謝の意識すらありますよ」

もう一人の幹部信者Mが微笑《ほほえ》みながら言う。青山でもつくづく感じたが、一度承諾すれば、彼らはカメラに対して呆《あき》れるほど無防備だ。ファインダーを覗《のぞ》きながら、隣に座る荒木浩に僕は視線を送る。インタビューに立ち会う広報担当という本来の職務から考えれば、「今の発言は少々不穏当ですね」ぐらいのことは言ってもいいと思うが、荒木浩は無言のまま僕を見つめ返すばかりだ。

「尊師の脳波は止まっているんですよ」とTが言う。しかし言い終えた直後に、周囲で修行に集中していたはずの信者たちからくすくすと笑い声が洩《も》れ、言った本人も照れくさそうに笑うという情緒は随所にある。マインドコントロール下にあって一切の懐疑を持たないというマスコミ全般の論理とは、また微妙なギャップがある。

「……何を言いたいかというと、つまりマインドコントロールという言葉がね、実は修行者にはあてはまらないんですよ。脳波が止まっているんだから」

「オセロというゲームがありますよね。森さん知ってますか？」

「五目並べみたいなゲームですよね」

「盤上のほとんどを黒の駒で占められても、四隅を白で押さえるだけであっさり逆転できるんですよ。……まあ、全部を白にできるとは私も思ってないですが、でも、私自身は白であり続けたいし、少しでも白を増やしてゆきたいと考えているんですよ」

荒木浩は無言のまま、二人の信者と僕が抱えるカメラとを交互に見つめている。その視線の揺れに、彼も僕同様、内面では激しく葛藤《かっとう》しているのだとそのとき気づく。

つい先日、あるテレビ局の報道記者と、カメラは回さないという約束で喫茶店でインタビューに応じ、個人的にはその記者に好感を持ったので、依頼されれば撮影も承諾しようかという気分でいたら、テレビでいきなりその様子が放送されて愕然《がくぜん》としたという話を、Tが笑いながら話す。

「どうも近くのテーブルから盗み撮りをしていたようなんですね。まあ、さすがにモザイクはかけてましたけどね」

「前にテレビの人が言ってたけど、カメラに正面から向かって喋《しゃべ》る信者よりも、盗み撮りでモザイクだらけの映像のほうがリアリティがあるということらしいね」

「要するに、サマナ(信者)の公式な発言は放送しづらいってことですかね」

「批判の電話や投書が来るんだと思うよ、たぶん」

「番組としては盛り上げづらいってこともあるんじゃないかな。盗み撮りならナレーションでどうにでも説明できますからね」

報道をめぐる雑談には、いつのまにか周囲の信者たちも加わっていた。状況は深刻なはずだが彼らの表情には奇妙に悲壮感はない。出家の際に、彼らが切り捨てることを決意した功利的で醜悪な今の社会。その現世のイメージに、彼らを包囲するメディアのふるまいがぴたりと符合して、やはり自分たちの選択は間違っていなかったと再確認させているかのようだ。


「妻子と別れ、出家します」

玄関の扉が静かに開き、仕事帰りといった感じの背広姿の三十代半ばの男性がやってきた。祭壇の前の賽銭箱《さいせんばこ》に小銭を投げ入れ、シヴァ神の絵と麻原の写真に祈りを捧《ささ》げてから、その男性信者は座ったままの姿勢で皆に向き直り、大声でこう言った。

「結論がでました。出家します」

塾の講師を生業《なりわい》にしながら文学を志していたという彼は、オウムをテーマに小説を書くことを思いつき、取材のつもりで入信してからまだ三ヵ月もたっていない。しかしこの三ヵ月の在家信者の生活で、出家することが自分の最終的な選択なのだという結論に達したと言う。

「妻とも別れます。子供もいつかわかってくれるでしょう。二人の生活費を残さなければいけないのでお布施はあまりできません。でも床が抜けるくらいにあった本とかは、全部これから売っぱらうつもりです」

そう説明する彼の表情に深刻な色はまったくない。祭壇の脇《わき》で、これからの出家生活の心構えなどを他の信者たちと話し合う彼の横顔を、荒木浩はさすがに目を丸くして眺めながら、近づいた僕に小声で囁《ささや》いた。

「森さん、珍しい瞬間に立ち会いましたね」

「麻原逮捕後にもこうして出家する人は多いんですか？」

「いやあ、さすがにこんなケースはあまりないと思いますよ」

「取材なんて次元の低いことに囚《とら》われていた自分を、やっと客観的に見ることができたんですよ」

修行の手を休め周囲に集まってきた他の信者たちに、彼は心から嬉《うれ》しそうに、心から解放されたというように、身ぶり手ぶりを交えて懸命に話し続ける。

「だから結論がでたんです。妻もいずれは理解すると思います。子供に対しての踏ん切りもつきました。今までどこにいても自分の居場所じゃないってずっと感じてきたんです。ここに来て、ここが自分のいる場所なんだってやっと気づいたんです。こうして必死に真理を模索する仲間に初めて出会えたんですからね。生まれ変わった気分ですよ」

おにぎり弁当と菓子袋

帰る間際、一人の女性信者からコンビニのおにぎり弁当を、「よかったら食べてください」と手渡される。「いいんですか?」と訊ねても彼女はにこにこと微笑むだけ。竹刀《しない》を片手にその様子を眺めていたTが、近づいてきて説明してくれる。

「信者の家族がたまに持ってきてくれるんですが、実はこういうご好意がいちばん困ってしまうんですよ。私たちは俗世の食物は食べるに食べれないし、かといって捨てたりしたら餓鬼道に落ちるし」

頷《うなず》きながらも一瞬手を出すことを躊躇った僕に、「毒は入ってませんよ」とMが横から笑う。「他にもあるんですよ」と別の信者が紙袋を下げてくる。中にはクッキーやチョコレートなどの菓子が大量に入っていた。

出口の脇で僕を見送りながら、荒木浩は「ちょっと刺激的すぎたかもしれませんね」とつぶやく。しかし不都合な箇所をカットしてくれとは言わない。さっさと帰ればよいものを、こんなときに一言口走って反応を見たくなるのは僕の悪い癖で、「彼らのインタビュー、使っていいんですね?」とわざわざ念を押した。「そうですね……」と数秒宙を仰いでから荒木浩は、「駄目ですと言うべきなんでしょうけど」と言って静かに笑う。

施設を出て駅に向かいしばらく歩いていると、いきなり背後から耳許に、「中の様子はどうでしたか?」と話しかけられた。咄嗟《とっさ》に振り返ると、背広姿の大柄な男がすぐ後ろを歩いている。

「ちょっと教えてもらえませんかねえ」

男は馴《な》れ馴れしい口調で言いながら、足を速める。川沿いの舗道は狭く、二人の男が並んで歩くには無理があり、反対側から自転車を押してきた主婦が、迷惑そうに顔をしかめながら道をあけた。

「様子教えてくれるだけでいいんですけどねえ」

押し黙ったままの僕に、背広のポケットから取り出した黒い革表紙の手帳を素早く見せてまたすぐにポケットに仕舞いこみながら、「神奈川県警です」と男は短く言う。

「あなたメディアの人ですよね。今までメディアの人で、あそこの中に入った人はほとんどいないんですよ。不思議だなあ。どうして入れたんですか?」

質問の角度を変えた男に、「もしかしたら、僕が中に入った朝から今までずっと張り込んでいたんですか?　大変ですねえ」と言えば、「いやあプロですから」と真顔で照れた。

「で、どうなんですかねえ、中の様子は？」

「どうって……、修行してるだけですよ」

「何か面白い話はなかったですか？」

「刑事さんが面白がるような話は特にないですねえ」

「そうですか……差し支えなければお名前と連絡先教えていただけますか？」

名前と生年月日、それに住所というお決まりの職務質問に答える。任意だから拒絶ももちろんできるが面倒は避けたい。「所属は？」とのこれも毎度の質問には、「この撮影についてはフリーのスタンスでやっています」と答える。

「フリー？　はあ。フリーですか。なるほどねえ」

わかっているのかいないのか、立ち止まり、たった今書きつけたばかりの僕の名前と住所を確認するように眺める刑事をその場に残し、切符を買って黄金町駅構内に入る。ホームのベンチで、地下鉄サリン事件特別指名手配犯のポスターを眺めながら、賞味期限が切れて二日経ったおにぎり弁当を食べる。菓子は子供たちの土産として持って帰ろうかとも思ったが、妻はさすがに納得しないだろうなと考え、持ち帰ることは断念した。ごみ箱を探したが見つからず、地下鉄サリン事件以降、都心の駅からごみ箱は姿を消していることを思い出した。「不審物を見つけたらすぐに連絡をしてください」との注意書きが、ごみ箱に代わって構内の壁のそこかしこに貼《は》られている。オウムの施設からもらってきたお菓子ですと届けたら何と言われるのだろう？

おにぎり弁当は少し酸味があるような気がした。お新香は水気を失っていた。でも食べる。カメラバッグと菓子の入った紙袋を足下《あしもと》に、駅のベンチに座って目の前を行き来する雑踏を眺めながら、最後の一粒まで意地でも食べる。

四　麻原初公判、上九一色で過ごした二日間

「誤解は聞く側がすることですから」

四月二十四日。午前四時に家を出たが、東名高速を降りてから道に迷い、路肩を歩く人に何度も方角を確認しながら右往左往して、やっと第六サティアンに着いた時刻は午前八時。荒木浩との約束の午前七時を一時間も過ぎていた。

昨夜、以前ワイドショーの取材でさんざん上九一色《かみくいっしき》に来ていたはずの知り合いのディレクターに電話をかけて、第六サティアンに車で行く場合の道を聞いたのだが、彼にしても移動の際の運転はロケ車のドライバー任せなのだから正確な道を思いだせるはずがなく、

「ドライバーはいないのかよ？　何でディレクターのおまえが道を覚えなくちゃいけないんだよ？　どこの局の仕切りなんだ？」としつこく訊ねられ、仕方なく「実は今のところは自主制作なんだ」と答えれば、「一年遅いよ」と即座に言われた。

「何で今頃オウムなんだよ。もう終わってるぜ。あれはメディアにとってはバブルみたいなもんだ。今さらオウムの信者のドキュメントだなんて、はっきり言って誰も見ないぜ」

二日間を上九一色で過ごす。デジタルカメラの六〇分テープが七本、それに8ミリビデオは一二〇分テープが三本。睡眠時間を除いて上九で過ごした時間の半分近く、僕はカメラを回し続けていた計算になる。我ながら呆《あき》れ返る分量だ。プロのカメラマンならぜったいこんな無差別に回さない。自分でカメラを回してみて、プロとアマチュアの差が、こんなところに現れることを初めて知った。

麻原初公判のこの日、テレビは久しぶりにオウム報道や特別番組で一日が明け暮れていた。サティアンの敷地出入り口には何十人もの警備の機動隊が立ち塞《ふさ》がり、そのまた周囲に張り巡らされたロープの向こう側には、一〇〇名近い報道陣や何十台ものビデオやスチールの様々なカメラがひしめき合っている。デジタルカメラを手に8ミリビデオカメラと三脚は肩に下げ、テープやバッテリーを入れた重いバッグを背負い、施設内と外とを僕は何度も往復する。警察にはそのたびに名前や所属を聞かれるが、報道陣は胡散《うさん》臭げな視線を寄越すばかりで、話しかけてくる者は一人もいない。

スタジオと荒木浩とのやりとりを生中継するという某局のニュース番組収録の様子を、横から撮らせて欲しいと打診する。たぶん拒絶されるだろうと思っていたが二つ返事で承諾され、他局のクルーも含めてなぜ彼らがこれほどに、自分たちが撮影されることに寛容なのか改めて不思議に思う。被写体となる彼らの立場にもし僕が置かれたら、「あなたはいったいどんなスタンスで、どんな作品を作るつもりなんだ?」と聞かずにはいられないと思うが、それに類する質問はまったくない。

中継が始まると同時に一悶着《ひともんちゃく》があった。モニターに映るスタジオの映像には数名の脱会信者が着席していて、質問の形で荒木浩を激しく攻撃した。事前の打ち合わせでは司会者とのやりとりとしか聞いていない荒木浩が呆然《ぼうぜん》と絶句しているうちに中継は終わり（つまり視聴者としては、元信者の鋭い質問にまったく対応できない荒木浩として印象づけられたことになる）、上九一色の現場のディレクターやスタッフたちは、「脱会信者を呼んでいたなんて私たちも聞いていませんでした」と大混乱だ。沈痛な表情で頭を下げる彼らに、「とりあえず皆さんが知らなかったことは信用します」と言い残して、荒木浩は今度は施設の外で約束していた新聞社の取材を受ける。メモをとりながらインタビューを続ける記者は、荒木浩が今口にしたばかりの言葉を、大きく広げた取材ノートに、「朝原尊師への帰依」と書きつけている。ノートを覗《のぞ》きこんでいる荒木浩も当然この誤字には気づいたはずだが何も言わない。低次元でケアレスなこんなミスよりも、そもそもが取材ノートを被取材者やビデオカメラを回す第三者に覗かれて、平然としていられるその神経がわからない。

この日、敷地内への立ち入りを許可された局はもう一つあった。第六サティアンに隣接するプレハブの小部屋で、その局の女性ディレクターは、当初予定していた荒木浩へのインタビューを、一般信者へのインタビューに変えて欲しいと直前に懇願し、荒木浩は渋々これを承諾した。顔を映さないように背中越しに撮るという約束で、男性信者の背後でカメラが回り始めた直後、僕のカメラのファインダーに映る女性ディレクターの表情が、いつのまにかすっかり強張《こわば》っていることに気がついた。

「……この、今日なんかはテレビを見ていて何かお感じになりますか？」

「テレビですか」

「ええ、この、麻原……尊師が発言されたようですが」

「とりたてて別に」

「でも、あの……テレビは見てますよね」

「見てますよ。そこにありますよ」

「お感じじゃないですか？」

「おかんじ？」

「ええ、その、何か感じることはありますよね？」

「どんなことをですか？」

「……いえ、どんなことというか……」

このやりとりはしばらく続いた。「尊師に対する帰依は変わりません」とうんざりといった口調で信者が言ったとき、黙って会話を聞いていた荒木浩が、たまりかねたように突然、二人のあいだに割って入った。

「これ、やめにしましょう。会話になっていません」

彼にしては珍しく、反論の余地を残さない強い調子だった。突然のこの決定にしばらく言葉を失った女性ディレクターは、マイクを足許の畳の上に置き、しばらく考え込んでから、男性信者にもう一度懇願した。

「もう少しお願いできませんか？」

「いやもう……誤解を招くばかりだと思うんですよ」

「確かに多少は誤解する人が出てくるかもしれませんが」

「いや、ほとんどだと思います」

「誤解を、なるべく生じないように話すことはできないのですか？」

「誤解は聞く側がすることですから」

二人の会話をもう一度断ち切るように立ち上がった荒木浩が、「やはりインタビューは私にしてください」と静かに断言し、彼女は力なく頷いた。同時に僕はカメラを止めた。確かに彼女のインタビューは、対話と形容するにはお粗末すぎた。それは事実だ。しかし僕は彼女を評価したい。真剣にオウムに対峙《たいじ》しようと思えば思うほど、自らが発する言語の不明瞭《ふめいりょう》さが意識にのぼる。語彙《ごい》の違いに愕然《がくぜん》となる。カメラが回り出したその瞬間、彼らと自分との共通言語の欠落に気づいた彼女は、少なくともメディアの常套句《じょうとうく》でその断裂を補塡《ほてん》することは選択しなかった。曖昧《あいまい》な言葉を放り出して無理矢理に引きずり出した信者の言葉を、編集で当初の意図どおりに紡ぐという常套手法を選択しなかった。その意味では僕は彼女の誠実さを称《たた》えたい。少なくともこの日上九一色にいた膨大な数のメディアの中で、彼女は誰よりも鋭敏でそれゆえに傷つき、それでも自分自身の言葉を探そうと、必死に格闘していたと思う。

午後、裁判所の周囲からのワイドショーの中継を、何人かの信者たちと一緒に見る。上九一色から来たというAUMのTシャツを着た女性信者が路上で突然号泣し始め、たちまちマスコミに囲まれる。これから自分はどうすればいいのか、何を信じればいいのか、と涙ながらに訴える彼女を取り囲んだレポーターたちが、「頑張るのよ、みんな応援してるのよ、勇気をもって生きるのよ！」とマイクを突き出しながら口々に励ます。画面はスタジオに戻り、下ぶくれの司会者が、「彼女には勇気をもって現実を見つめ、オウムの悪夢から一日も早く覚めることを願っています」と目元を潤ませながらまとめ、「それにしても麻原だけは許せません。ではお知らせです」と通信販売のCMが始まる。

「上九から来たって言ってるけど、誰かあの人知ってますか？」と訊《たず》ねたが、皆首をひねるばかり。「だいたいオウムのTシャツわざわざ着て裁判所に行くかなあ」とスキンヘッドに頭を剃《そ》りあげた信者が腕組みをするが、「いくらなんでもそこまでのやらせはテレビもしないでしょう」と荒木浩が笑う。「まあ、いろんな人がここにはいますから」と女性信者が溜息《ためいき》をつく。CMが終わったテレビでは「だいたい法治国家をバカにしているよあいつは。とにかく相手にするのもバカらしい。まともな人間じゃないんだから」と高名な評論家が、麻原のパネルを前に子供のように激昂《げっこう》している。

「どうしてお一人で撮ろうと思われたのですか？」

一人の若い女性信者が、レンズに真直《まっす》ぐ視線を向けながらふいに話しかけてくる。

「最初から一人で撮るつもりじゃなかったんです。でも結果的にこういう形になってしまいました」

「撮影を断念しようとは思わなかったのですか？」

「そうですね。……思わなかったです」

「なぜでしょう？」

「なぜでしょう？　僕にもわかりません」

女性信者はにっこりと微笑《ほほえ》む。テレビの前に座り込んでいた年配の女性信者が、「きっと前世で縁があったのよ」と同じ姿勢のまま独り言のようにつぶやく。そんな僕らの会話の様子を、荒木浩は黙って目を閉じて聞いている。

思考を停止させたメディア

麻原初公判が終わったこの日の夜、午後十一時を過ぎる頃、施設前に蝟集《いしゅう》していたマスコミのほとんどは申し合わせたように一斉に帰り仕度を始め、それぞれ会社が予約している近辺のホテルや旅館に帰路を急ぐが、僕には当然そんな金銭的余裕はない。「実は今晩泊まるところがないんです」と言えば、サティアンに泊めてもらえるだろうかとも考えたが、さすがにそれを言いだすことはできず、テレビを見るために部屋に集まってきた信者たちと、とりあえず深夜まで雑談をして過ごす。

初老の女性信者が、「私たちの修行を進めるために、尊師はご自身を犠牲になさってこの事態を起こされたのです」と屈託が見事にない調子で僕に言う。他の信者たちは黙って頷くが、荒木浩だけは、困ったな、という表情を浮かべながら、カメラを構える僕と女性信者とを交互に見比べている。ファインダーを覗く僕が、女性信者の話に鼻白んでいることは、少なくとも彼は意識している。同時にこのシーンが作品に使われた場合の世間の反応も予期している。しかし、だからといって、彼がこの論理に懐疑的なのかどうかはわからない。女性信者の言葉を止めないのは、彼自身も内心ではこの論理を肯定しているからなのだと考えることもできる。

「オウムの内部」と「包囲する社会」、この二つの対峙がこの作品の主眼だとしたら、荒木浩はその狭間《はざま》でもがいている。どちらにも属せず、二つの言語を翻訳できず、煩悶《はんもん》し続けている。そしてどうやらこの亀裂に、この僕自身もいつのまにか落ち込み、まるで荒木浩と鏡面を挟むように、相似形で困惑し、身悶《みもだ》えし続けている。

深夜の施設を辞去して、ずっと我慢していたタバコを思いきり吸いながら、第六サティアンから一〇〇メートルくらい離れた牧場の片隅に置いた車へと戻り、死ぬほどまずいと評判の中華料理店（オウム事件以降、施設の近隣では一軒だけのこの店は、集まるマスコミで空前の繁盛らしい）で夕方作って包んでもらったカツ丼と、一緒に買っておいた缶ビール一本を、漆黒の闇《やみ》に牛糞《ぎゅうふん》の臭いが漂う農道の路肩で飲みながら食べる。

昼は日焼けするほどに陽射《ひざ》しは強いが、高地である上九一色の夜はかなり冷え込み、深夜二時を過ぎる頃、車のシートを倒して持参の寝袋に潜りこむがファスナーが思うように閉らず、震えながらともかく目を閉じる。

経済の問題は深刻だ。カメラのレンタル代、収録テープ代、交通費、いずれも累積すれば、個人負担だけでまかなうことはそろそろ限界だ。まして撮影後の編集作業には、数百万円の単位で金が必要となる。とにかく撮影を持続しながら、当初の予定どおり他のテレビ局にアプローチを始めなくてはならないと気は焦るが、しかしこれまでの撮影内容が、テレビで放送されるという事態はまず想定できない。

焦燥はそれだけではない。何よりも自分自身がテレビを包含するマスメディアというジャンルから、いつのまにかはみだしかけていることに本能的な恐怖がある。生活はどうなるのか？　家族はどうなるのか？　選択肢は他にないのか？　どうしてこんなややこしいことになってしまったのか？

……睡眠不足のはずがまったく寝つけず、リアウィンドウ越しの満天の星を眺めながらとりとめなく同じことを考え続ける。東の空が白みはじめる頃、やっと浅い眠りについた。

翌四月二十五日。快晴だ。麻原の初公判は今日も続く。草を食《は》む牛に眺められながら、水筒の水で歯を磨いて顔を洗い、午前七時にサティアンに向かえば、既に場所取りで三〇名ほどの報道陣が施設の前にうろうろしている。一人の記者に朝刊を見せてもらう。一面にはこれでもかとばかりの大見出しで、「意味不明」や「醜悪な言い逃れ」などの活字が躍っている。礼を言ってその若い記者に新聞を返せば、腕章を巻いていないことが気になるらしく、僕の腕にちらちらと視線を送りながら、「どちらの社ですか？」と訊ねてくる。「フリーです」と答えるが意味がよくわからないらしく二度聞きかえされる。「所属は制作会社ですが、これについてはフリーのスタンスです」といつもの説明を試みるが反応は鈍い。面倒くさいと思ったのか、いきなり話題を変えてきた。

「中の様子はどうですか？」

「中ですか？」

「昨日から自由に出たり入ったりされてますよね？　信者たちは動揺してますか？」

「皆普通ですよ」

「昨日と今日、麻原の公判があることは信者たちはわかってるんでしょうかね？」

「テレビは見てますからね」

「テレビ見ていいんですか？」

「見てますよ。もちろん見ない信者もいるけど、見たい信者は自由に見てますよ」

「一切見れないってよく聞きますよね」

「メディアが言ってるんですよ」

「はあそうか。どうして施設の中に自由に入れるんですか？」

「……撮影したいと言ったんですよ」

「はい？」

「撮影したいと言ったんです」

「それだけですか？」

「……それだけです」

言いながら考えていた。彼が困惑するのも当然だ。しかし他に説明の言葉はない。撮りたいと僕は思い、撮りたいとオウムに伝えたのだ。それだけのことだ。逆に僕のほうから今目の前にいる彼に、どうしてお願いしないんですか？　と聞きたいくらいだ。もしそう聞いたなら、申請はずっとしてますよと彼は答えるのだろう。昨日も地元のテレビ局の記者が、施設を管理する管財人の了解をもらったから取材を始めると撮影クルーを帯同してやってきて、これを阻止する荒木浩としばらく施設前でもめた。管財人が了解したのだからオウム側にこれを拒否する権利はないと主張し続けた記者の論旨は、譬えて言えば大家の了解をとったから店子《たなこ》の生活を無断で撮影できると主張しているに等しく、冷静に考えるまでもなく論理としては破綻《はたん》している。ずっとガムを嚙《か》みながら荒木浩と話していたこの記者にだって、いくらなんでもその程度の常識は通常ならあるはずだ。また会話のときにはガムを吐き出すくらいの礼節は知っているはずだ。しかしオウムという単語が方程式に代入された瞬間、おそらくは彼の思考が停止した。

オウムの施設の中に視座を置いて振り返れば、この停止してしまった情緒をつくづくと実感する。特殊な手法や技法を僕が獲得していたわけではない。コネクションを豊富に持っていたわけでもない。取材手法としては普通のことをやっているはずだ。しかしいつのまにか突出してしまっている。僕が抜きんでているのではない。周りが停まっているのだ。「洗脳」という言葉の定義が、情緒を停止させ一方向にしか物事を考えない心理状況を示すのであれば、それは境界線の向こう側だけでなく、こちら側にも同量にある。

「すべてはマハームドラーですよ」

午前七時半、大勢のマスコミの絡みつくような視線を背中に感じながら境界線を越えて、第六サティアン内のテレビが置かれている小部屋に戻る。普段はこの部屋に居住している男性信者が、ちょうど食事の最中だった。手持ちの小さな鍋《なべ》に直《じか》に匙《さじ》を入れて食べるそのメニューは、お粥《かゆ》のようなご飯（たぶん麦も混ざっている）だけ。部分的に褐色にご飯が染まっているのは、おそらく醤油《しょうゆ》でも垂らしたのだろう。青山総本部退去のときにも、引越しの手伝いに来ていた彼とは短い会話を交わしている。ひ弱な体格が多い信者としては珍しく屈強な肉体を持つ彼は、どちらかといえば寡黙ですぐに打ち解けるタイプではないが、もう何度も顔を合わせているゆえか、この日はかなり僕の質問に答えてくれた。

「すべてはマハームドラーですよ」

尊師への帰依は、何が起きても絶対に変わらないと断言した後に、彼はぼそりとつぶやいた。オウムの信者から頻繁に飛び出すこのサンスクリット語の意味を、正確に翻訳することは難しい。無理に僕らの語彙《ごい》で訳せば「試練」という単語になる。要するに何が起きても、試されていると考えれば疑惑や迷いは生まれない。

「……ということは、一連の事件は麻原が信者を試しているということ?」

「信者だけでなく、日本人全体かもしれないですよ」

「試すために毒ガスを撒《ま》いたということですか?」

「何が起きても不思議はないんです。でも心を動かさずにいれば、きっとすべてがわかる日が来ると思います」

大学の入学直後に彼は出家した。念願叶《かな》って合格した大学のキャンパスを歩きながら、他の学生たちの姿に、こんな人たちが明日の日本を作るのかと絶望したという。地下鉄サリン事件前に一度脱会したが、社会にどうしても馴染《なじ》めず、今度は恋人とともに再出家を果たした。「どうして一度オウムを離れたの?」と訊ねれば、「情欲に負けました」との答えがかえってきた。恋人は今どこにいるのかわからない。上九一色にいないことは確かだが、どこか他の施設できっと修行に励んでいるはずだと彼は言う。

「情欲はもうないのですか?」

「まだあります」

「いずれは消えると思いますか?」

「ええ、もちろん」

「情欲は消さなくてはいけないのですか？」

僕のこの質問に、彼は静かにこう答えた。

「どんなに愛し合った夫婦でも最後は死に別れます。愛情が深ければ深いほど、いずれ死に別れるときの苦しみは大きい。愛という執着は最終的には苦しみに行き着くだけなんです。ならばその愛を断ち切るほうが苦痛も少ない」

そこまで言って、彼は僕の納得しかねるという表情に気づいたようだ。声の調子が微《かす》かに変わる。

「苦痛から逃れるのではなく、大きな喜びに気がつくんです。一緒に修行さえすれば、今言葉にできなかった部分も、きっと感覚してもらえると思うのですけど」

テレビの画面に、突然麻原彰晃《しようこう》のイラストが大写しになった。昨日と今日の法廷での陳述の様子を再現している。吹き替えを担当しているのは如何《いか》にもそれらしき声の声優だが、抑揚を強調しすぎてアニメの『日本昔話』でも見ているようだ。画面はスタジオに戻り、法廷で麻原が起立するときに多少よろけたらしいという話になり、「最終解脱者のくせによろけるなよ」と誰かが言い、スタジオ中が大笑いとなる。

鍋とスプーンを手に持ったまま、彼は黙ってテレビを凝視している。外でのマスコミへの会見を終えたらしい荒木浩が部屋にそっと入ってきた。スタジオの画面は上九一色に変わり、昨日の会見の際の荒木浩が映る。「反省はないのか？」「この事態をどう認識するのか？」「謝罪の言葉はないのか？」レポーターや記者たちが矢継ぎ早に詰問する。荒木浩はレンズの放列に囲まれながら、途方に暮れたように立ち尽くしている。

鍋を手にしたまま男性信者はテレビを見ている。荒木浩もテレビを見ている。スイッチが入ったままのカメラを手にしたまま、僕も立ち尽くしている。じっと立ち尽くしながらテレビを見ている。

五　テレビからの別離

メディアからの拒絶の日々

これまでの映像を二〇分ほどにダイジェストしたデモテープを家で作り、一縷《いちる》の可能性を模索して番組制作関係の知り合い、そして他のメディアの知己を訪ね歩く日々が続く。テレビドキュメントの分野では大先輩のHにデモテープを見せる。「いやあ、たまげたねえ」と言われたが評価はそこまで。彼が経営するプロダクションでの制作を引き受けてくれることを期待していたのだが、その気配はどうやら欠片《かけら》もない。TBS報道の旧知の人間に連絡するが、電話口でオウムのドキュメントと口にしただけで、「森さんオウムは無理だよ。今うちにできるわけがないよ」と一蹴《いっしゅう》される。硬派映像ジャーナリストとして知られたNの事務所にテープを持ってゆくが、説明がまだ終わらないうちに、「俺《おれ》は見ない。見る価値はない」と断言される。

テレビだけではない。他のメディアも一応は模索した。老舗《しにせ》のドキュメンタリー制作会社のA氏やK嬢に、ドキュメンタリー映画としての可能性を訊《たず》ねるが、二人とも判で押したように、「オウムは例外だからなあ」とくりかえすばかり。大手出版社の映像ノンフィクション担当のK氏は、ビデオを見せた後に「必ず連絡をする」と言ったきり音沙汰《おとさた》がない。たまりかねてこちらから電話をすれば、「とにかく連絡待ってください。焦ったらまとまるものもまとまらなくなりますよ」と叱責《しっせき》されるが、またもや約束の期日を過ぎても連絡はない。かつては毎晩のように一緒に飲み歩いていた自主映画出身の映画監督やプロデューサーの何人かにもテープと手紙を送ったが、いつまで待っても返事は来ない。

一人で撮影を続けることは、物理的にも精神的にもそろそろ限界だ。自前のカメラなどと贅沢《ぜいたく》は言わない。しかしせめて、テープくらいは、預金の残高を気にせずに調達できるだけの予算が欲しい。それよりも何よりも、この作業がいつかは作品として結実できるのかどうか、その指針ぐらいは切実に欲しい。

突然現れた謎のディレクター

五月二日。

「森さん、Tさん知ってますよね？」

唐突に知らない名前が荒木浩からでた。

「誰ですか？」

「去年までTBSの報道番組でディレクターやってた方で、今は他の局と契約してらっしゃるそうなんですけど、森さん知らないんですか？」

「知りません。その人がどうしたんですか？」

「……昨日、彼から電話があって、今後は森さんと一緒にオウムの番組を作るからって言われたんです」

「何ですって？」

「今度オウムをテーマにドキュメント番組を作るんだそうです。もっとも複数の脱会信者が対象らしいですけど。それで、Tさんが仰しゃるには、森さんもこれからはチームに加わって一緒に作る予定になっているって……」

「何かの勘違いですよ。だって僕はその人と面識もないし」

「……本当ですか？」

「本当です」

「そうですか……」

荒木浩は頷《うなず》いて黙り込んだ。一瞬とはいえ、僕に対して抱いた懐疑を整理しきれてないことはその表情からよくわかったが、混乱しているのは僕も同様だ。いったい何の目的があってその人物は、荒木浩にそんなでたらめな情報を流したのだろう？

Tなる人物については、僕は知らなかったが、僕の身の回りでは知ってる人間は何人かはいた。ディレクターとしては切れ者で評判らしいよ、との風聞も聞いた。しかし、その人物がなぜ僕の名前を知っていて、一緒にやりますからなどと電話をしたのかは僕にはわからない。見当もつかない。

　とにかく会って話を聞くことだ。荒木浩が僕の説明で完全に納得したとは思えない。一瞬にしても僕に対しての猜疑《さいぎ》を持ったことは間違いない。そしてこの一瞬の猜疑は、人間関係と同じで、致命傷になることもある。放置はできない。とにかく早急にTに会って、真意を糺《ただ》さなくてはならない。


「呼び出して、森ちゃん、Tさんに何て言うつもり？」

　Tとは何度も一緒に仕事をしたという、取材技術会社のデスクのNさんが言う。

「事情を聞くつもりですよ」

「彼にも事情はあると思うよ」

「だからそれを聞くつもりですよ」

「俺も同席しようか？」

「いいですよ、Nさんだって忙しいでしょう」

「いやいや、こういうときは第三者をいれたほうがいいんだよ」

　Nさんがセッティングしてくれた寿司屋《すしや》のカウンター。僕に名刺を差し出すTにNさんが、「きっと何か勘違いが双方にあると思ったから、俺も同席したんだよ」とにこやかに説明する。「ところで……」と僕が話を切りだしかけたとき、Tはいきなりカウンターの上に両手をついて頭を下げた。

「申し訳ありません。自分が少々早とちりをしてしまいました」

「早とちりってどういうことですか？」

「森さんもオウムでドキュメンタリーを撮っているという話を耳にはさみまして、かなり食い込んでるというふうに聞いたものですから、一緒にやるもんだって早とちりをしてしまいました」

……何のことやらわからない。早とちりという説明で納得できるわけがない。「食い込んでいる」がなぜ「一緒にやる」に短絡するのかがわからない。しかしTはカウンターの上に上体を伏せたその姿勢のまま、同じ言葉をくりかえすばかりだ。黙って冷酒を飲んでいたNさんが見かねて、「森ちゃん、Tさんもこうして頭を下げているんだから許してあげなよ」と間に入る。

「許す許さないじゃなくて、僕は事情を聞きたいだけです」

「申し訳ありません。早とちりなんです。本当に申し訳ありません」

「駄目ですか？　詫《わ》びじゃなくて理由を知りたいんです」

「申し訳ありません」

この問答はしばらく続いた。Tの忍耐強さには正直根負けした。酒が少々回ってきたこともある。急にすべてが面倒になってしまった。

「……わかりました。事情は今更聞いてもしかたないしもうどうでもいい。でも、一つだけ言わせて欲しい。あなたは一緒に、と言ったようだけど僕にはそんな発想はないし、これからもない。僕にとってドキュメンタリーを作ることは、絶対的に主観的な行為です。

複数のディレクターが共同作業で作るなんて、そんなことできるはずがない」

「もっともです。一言もありません」

僕の記憶はこの辺りで途絶える。Tは最後まで徹底して低姿勢だった。推測だが、彼の電話での発言にはおそらく大した意味はない。荒木浩に取材を納得させるために、つい口が滑ったというところが妥当だろう。自分がどんな作品をこれから作るのか、自分が取材対象者とこれからどんな関係を築くのか、そこに想像力を持たずにとりあえずの交渉にはいるから、こんな杜撰《ずさん》な発言をしてしまう。たぶんそんなところだ。ひっきりなしに勧められる酒は人肌の温燗《ぬるかん》に、肴《さかな》は刺し身の盛り合わせ。気がつけば頷くばかりのTとNさん相手に、僕はすっかりいい機嫌でドキュメンタリーの講釈をしていた。最近途中まで読んで投げだした小川紳介か原一男のドキュメンタリー論の一節を、そのまま口走るようなそんなレベルだ。いい気なもんだ。最低だね。僕がもしTだったらこんな奴《やつ》、ぜったい帰り道で待ち伏せてビール瓶で殴ってる。

テレビとの僕自身の別離

Tが複数のディレクターの一人として参加したドキュメンタリーは、この二ヵ月後放送された。対象は現役の信者ではない。オウムを脱会はしたものの、今の社会との調和をどうしてもとれない元信者たちの生活が描かれていた。そのほとんどが、当然ながらオウムに対して否定的に発言してくれることと、現役の信者たちへの取材交渉よりは格段に楽なためか、元信者はテレビでも素材になりやすい。

「ひでえもんだぜ、脱会した信者がドヤ街で仕事を探すシーンがあるんだけどさ。全部こっちで仕込んだシーンなんだぜ」

やはりこの番組にディレクターの一人として参加した知り合いがそうこぼしていた。いわゆるやらせの論議になるが、僕はそれが全面的に悪いこととはまったく思わない。誤解を恐れずに言えば手法の一つだと思う。ＮＨＫのやらせ騒動の際にもあった議論だが、金銭を授与して雨乞《あまご》いの儀式を撮影することは許されないが、自発的に好意で再現してもらうなら許容範囲だなどとの、曖昧《あいまい》で訳のわからないやらせの定義には正直うんざりしている。

ドキュメンタリーの仕事は、客観的な真実を事象から切り取ることではなく、主観的な真実を事象から抽出することだ。一頭の母ライオンがカモシカの子供を狩る場面を撮ったとする。出産直後の母ライオンの子育てにドキュメントの主軸を置くのなら、観る側は彼女の牙《きば》がカモシカの頸動脈《けいどうみゃく》に食い込んだ瞬間に快哉《かいさい》をさけぶだろう。カモシカの母と子に主軸を置くのなら、彼らが逃げ切った瞬間に安堵《あんど》の溜息《ためいき》をもらすだろう。そういうものだ。映像で捉《とら》えられる真実とは、常に相対的だし座標軸の位置によって猫の目のように変わる。

カメラが日常に介在するということは、対象に干渉することを意味する。微粒子は観測する行為そのもので大きな影響を受け、粒子としての本来の姿を決して現さないとする量子力学の基本原理と同じだ。自然なドキュメンタリーなど存在しない。撮る行為によって撮られる側は、時には触発されるし、時には規定される。そしてまた撮られる側の反応が、撮る行為に大きな影響を与える。

その意味では撮影における客観性など存在しない。映像を作るという作業はすべて主観の産物のはずだ。雨乞いの儀式を仕込んだかどうかは表層的な問題でしかない。その状況で、自分が如何《いか》に自分の主観的な真実を信じることができるかどうかが問われなくてはならないのだ。もちろん自分と対象との相関的な座標を正確に表出することは必要だ。しかしその位置さえ明確に呈示すれば、後は観る側が判断するだけのことなのだ。バランスをとるのは表現する側ではない。観る側だ。

Tが参加したテレビドキュメントを見ながら、テレビへのこれ以上のアプローチは、今この瞬間から放棄しようと僕は考え続けていた。手法の問題ではない。モザイクが嫌だからではない。編集に干渉されることが嫌だからではない。そんな瑣末《さまつ》なことではない。視聴率という大衆の剝《む》きだしの嗜好《しこう》に追随する現実を、公共性というレトリックに置換するために、「客観的な公正さ」という幻想を常に求められ、また同時にそれを自らの存在価値として、テレビは勘違いを続けてきた。僕も今まで勘違いを続けてきた。

見通しは相変わらずない。しかしテレビは断念する。この作品を完成させるためには、他でもない僕自身が、テレビという媒体から離れなくちゃいけないんだと気づいたからだ。

「ミルクティです。ミルクにティを入れてます」

五月十八日。青山総本部のあったビルからオウムが退去して数週間が経つ。当初青山総本部に居住する期間だけという約束で始めた撮影だが、予定していたテレビでの放送が消える過程で、撮影の継続がいつのまにか既成の事実となっていた。僕もそれについては敢《あ》えて触れないし、「いつまで撮影を続けるんですか?」という質問も、荒木浩の口からはなぜか出ない。互いに撮影を終了するその時期については気にしているはずだが、とにかく両者とも今は口にはしない。

通産省（現経済産業省）で官僚たちを相手に、総理府（現内閣府）提供番組のさっぱり要領を得ない打ち合わせを済ませて、機材レンタル屋に寄ったその足で、小雨混じりの高円寺へと急ぐ。最近信者たちが引越してきたこの施設の周囲には、近隣の住民たちが作った「青少年をオウムから守れ!」と書かれた幟《のぼり》が至る所に立ち並んでいて、緊迫した気配が漂っている。塀の外ではテレビのクルーが所在なげに立ち尽くしていた。インターホンを押して名前を告げる。すぐに中から出てきた荒木浩に、それまで黙殺されていたらしいディレクターがあわてて駆け寄ってきて、僕を押しのけながら塀越しに声をかける。「撮らないでくださいね」と最初は拒絶していたが、結局雨に打たれながら塀を挟んで二〇分ばかり、荒木浩は質問に答え続ける。背後のクルーは約束どおりカメラを下ろしていたが、ディレクターが片手に持つデジタルカメラは回っていて、待ちくたびれた僕はそんな二人の様子を横から撮る。

話がやっと終わり、荒木浩は僕に視線を送ってから塀の鍵《かぎ》を開ける。ディレクターは静かに僕に近づいてきて、「何に使うつもりか知らないけど、自分が映っている画《え》は使わないように」と脅かすように低く一言。……とりあえずは正当な権利だ。回す前に言えよとは思うが、そう主張されたなら応じるしかない。

ここ高円寺の新道場は、まだ信者が入居して間もないせいか、上九一色など他のサティアンに比べれば清潔感はかなりある。居住する信者は、男女ほぼ半数ずつの一五名ほど。しかし引越してきたばかりのこの物件も、管財人や債権者たちが不法占拠を訴えだしており退去は時間の問題ということだ。カメラを片手にのっそりと入り込んできた僕に対しての、信者たちの拒絶感はほとんどない。事前に荒木浩から説明があったのだろうと思ったが、それだけではなかった。

「荒木さんから聞く前に、森さんの噂《うわさ》知ってましたから」

一人の女性信者が笑顔で話しかけてきた。

「どんな噂ですか？」

「内容を巡って反発して、テレビをやめて自分一人で作ってらっしゃるんですよね。みんな、どんな内容になるんだろうって楽しみにしてるんですよ」

　間違いではない。しかしオウムの信者に、「楽しみにしてるんですよ」と言われれば、少々困惑することもまた事実だ。やれやれだ。口では「すべての既成の概念を排除して信者たちの日常を正確に捉える」などと勇ましいスローガンを唱えながら、いざオウムに擦り寄られればたちまち腰砕けになっている。

　この施設の責任者である年配の信者が、プラスチックの食器に入れた薄茶色の液体を飲んでいる。カメラを回しながらその湯気をたてる液体のことがどうにも気になり、僕はおそるおそる彼に「その中身は何ですか？」と訊ねる。問われた信者は食器を手にしたままきょとんとレンズを見つめ返す。

「はい、何ですか？」

「その、カップの中の、ミルクティみたいな色をした液体なんですが？」

「これ？　ミルクティです」

「ミルクティ？　中身は……」

「ミルクにティです。えーと、ミルクに紅茶を少し入れてます」

　荒木浩が奇妙な表情をして下を向いている。この間のぬけた会話に、どうやら笑いをこらえているようだ。

　退去の日についての簡単な打ち合わせの後、信者たちは道場の隅に置かれた二九インチのテレビの前に集まって、一人の女性信者を追跡したワイドショーの録画を見始めた。施設から足早に出てきた女性信者の顔にはモザイク。彼女を追う具体的な理由はまったく呈示されない。ただあの忌まわしいオウムの信者であるという情報だけが、おどろおどろしい音楽と共に何度も強調される。小走りに駆ける彼女の後ろ姿の映像に、「いったい何を企《たくら》んでいるのか!?」式のナレーションが延々と続く。

彼女が駅の売店のシャッターを開ける（画面の半分以上がモザイクで覆い尽くされた）映像でVTRは終わる。「何と事もあろうに彼女はJRでアルバイトをしていたのだ！」とナレーションが絶叫する。ここで荒木浩をはじめ、当の彼女も含めて全員でたまらず大笑い。しかし笑えぬ現実もある。彼女はこの放送直後、キヨスクから解雇を言い渡されている。

「カルマ落としてもらえていいですね」

こんな報道の洪水に包囲される日々をどう感じるか？　と聞いたときの一人の若い女性信者の答えだ。アイロニーの気配は微塵《みじん》もない。彼女は真剣にそう信じている。破防法は特に怖くはないと彼女は続けて言いきった。

「信仰に生きる生活は別に変わりません。ただ、住まいを奪われることは辛《つら》いですね」

「だって、破防法が適用されたら、こうして皆で生活できなくなるんですよ」

「そうみたいですね」

「信仰に生きる生活だって変わらざるを得ないんじゃないですか？」

「生活は変わるかもしれませんが、信仰は変わりません」

「……みんな破防法をよく理解していないんですよ」

別室に向かう彼女の後ろ姿を眺めながら、荒木浩は小さく溜息をつく。

「修行者としては理想的な環境になるんじゃないかと本気で言っている幹部もいます。どんな事態が予想されるかみたいな話は何度も説明してるんですけどね。どうもみんな現実感がないというか、現実を自分の解釈ですませているようで……」

「荒木さんは違うんですか？」

「私は……今の立場上、破防法の怖さはみんなよりは理解しているつもりです」

「立場」という言葉を彼はよく口にする。俗世間の雑念を遮断するために出家まで決意しながら、世間への窓口として機能する広報という役職に就任することほど、矛盾に満ちた「立場」はないはずだ。しかも現在は副部長という肩書きなのに、対外的には彼がたった一人の広報なのだ。

「矛盾はないですか？」

「矛盾ですか？」

「今の立場の矛盾です」

「……矛盾というか中途半端であることは事実ですね。こんな日々もまた修行の一環であるという考え方をしてはいますが、瞑想《めいそう》や教学などの修行にもっと打ち込みたいとは本音では思います。でも、今の状況ではそれは許されないですから」

言い終えて下を向く彼に、中途半端はあなただけじゃない、と言いたくなる。宗教の門を叩《たた》きながら宗教活動ができない被撮影者を前にして、メディアの世界にいながらメディアから拒絶されかけている撮影者は、言葉を失いながらも、カメラを回し続ける。


「出家はいつしたのですか？」

「大学に麻原尊師たちが講演に来たことがあるんです。……もちろん具体的な出家はそのかなり後ですけど。今から考えれば、その講演を聞いたときにもう、出家を決めていたような気がします」

「そんなに強い印象を持ったのですか？」

「他の学生たちは皆、跳んでみろとかずいぶん野次を飛ばしてましたけど、私には意味深かったですね」

「何が意味深かったのですか？」

「……表現は難しいです。でも、一つだけ言えるのは、どんな意地悪な質問にも尊師は逃げないんですよ。きちんと正面から答えていて、ああ、この人は本物かもしれないと思ったんです」

「その印象は今も変わりませんか？」

このとき突然チャイムが鳴った。二階の窓のカーテン越しに外を眺めた男性信者が「来たようです」と皆に告げる。現れたのは総勢一五名ほどの裁判所の執行官。破産物件であるこの施設の封印手続きにはいる前に、占有している住民たち（要するにオウムの信者たち）の様子を下見に来るという情報が事前にあったらしい。しかし執行官たちに続いて警察官が施設内に入ろうとして、玄関先で信者たちとしばらく揉《も》めた。警察官がなぜ同行するのかと問う信者に、裁判所側は執行官の身の安全を確保するためだと譲らない。結局一〇名ほどの屈強な私服警官が、執行官に同行する形で施設内に入る。塀の周りにはいつのまにかマスコミが多数現れていて、カメラを手にする僕にも塀越しに複数のレンズが向けられている。何者かはわからないがとりあえず回しておけという感覚だろう。夕方のニュースでこの映像がもし流れたらまずいな、と一瞬思うが、撮るなとは言えない。その代わりこちらも撮る。レンズとレンズが睨《にら》み合う。

警察とオウム、双方からの詰問

中に戻れば警官たちが、施設中の隅々まで探索中で大騒ぎだ。「警備という名目だから入れたのに、これじゃまるで家宅捜索じゃないですか」と一人の信者が弱々しく抗議するが警官は取り合わない。荒木浩はといえば、一〇名余りの執行官に物件と裁判所の執行命令についての説明を聞かされている最中で、どうやらそこまで気が回らない様子だ。「何するんですか！」と細いが鋭い声が辺りに響く。玄関脇《わき》の小部屋で一人の刑事が、商品として陳列されていた小麦粉の袋に手を触れたらしい（この施設には、オウムグッズを一般向けに売る物販コーナーがかつてあった。もちろん現在ではそんな物好きな客など皆無だろうが、商品は以前のままに陳列されている）。

「勝手に触らないでくださいってそこに書いてますよ」

「いいじゃねえか。触るぐらい」

「駄目ですよ。修法したお供物なんですよ。もう売りものにはなりません。責任もって引き取ってください」

「もらっていいのかよ？」

「あげませんよ。買ってください」

「買えねえよ。こんなの家に持って帰れるかよ。捨てればいいじゃないか」

メディアや警察と、オウムの信者とのこの軋轢《あつれき》はよく見聞きする。洗脳の一つの証《あかし》と以前テレビで紹介していたが、しかし例えば敬虔《けいけん》なイスラム教徒もハラルフーズと呼ばれる祭壇に捧《ささ》げられた肉しか食べない。宗教全般を考えれば、とりたてて珍しい習慣ではない。

刑事と女性信者との応酬はしばらく続いたが、どこか憎めない刑事のキャラクターに、当初は目を吊《つ》り上げていた女性信者はいつのまにか笑いだしてしまい、勢いづいた刑事は、陳列棚に展示されている他の商品にも手を伸ばす。

「もう、駄目だって言ってるのに」

刑事が手にしたのはセットとして売られている上祐のブロマイドだった。

「こんなの買うやつ本当にいるのかよ」

「いますよ。ヒット商品ですよ」

「なあ、あんたどう思う？」

　横でカメラを回す僕に刑事が振り向いてそう訊《たず》ねる。雨に濡《ぬ》れたままのコートから湯気が立ち上っており、眼鏡のレンズは白く曇っている。年の頃は五十代前半、家に帰れば受験を控えた息子と高校中退の娘がいて、最近はカルチャースクール通いに熱心な妻に、「今日オウムの施設に行ったんだぜ」などとビール一本だけの晩酌を楽しみながら言うのだろうか。「靴下洗濯機に入れないでよ！」などと怒られるのだろうか。ファインダーを覗《のぞ》きながら、僕は刑事に答える。

「それは買わないけど、こちらのメモ帳なんか確かに安いですね」

　女性信者が嬉《うれ》しそうに声をあげる。

「そうですよねえ」

「このトレーナーも、これで二九〇〇円なら良心的ですよね」

「お目が高いですね」

「だってあんた、いくらモノは良くても、オウムのマークがプリントされたトレーナーは着れないよ」

「いやあ、考え方でしょう」

「だってさあ、子供の運動会にあんた着てゆけるかい？」

楽しい会話はここまで。いつのまにか側に来ていた別の刑事が、ところであなたは誰ですか？ と横から訊ねてきて、フリーランスでドキュメンタリーを撮っていますと答えればあっという間に形相が変わり、何でマスコミがここにいるんだよと大騒ぎになった。駆けつけてきた荒木浩が、この人はマスコミとは違いますと説明するが、任務を終えた執行官たちも集まってきて、執行の現場を撮影するなど前代未聞だと声を荒らげる。これ以上続けるのなら撮影済みのテープを没収すると主張する者もいて、なぜですか？ 国民としてはあなた方の執行の現場を監視する権利があるはずです、と言いかけたが、事態の収拾にふと面倒になり、何より本当にテープを没収されることを避けるため、わかりましたとカメラを止めた。その場で何人かの刑事に囲まれて職務質問を受ける。氏名、年齢、住所といったお決まりの質問の後、所属を聞かれてこの作品についてはフリーです、とこれもいつもの答弁をくりかえす。


「じゃあ、マスコミじゃないの？」

「広い意味ではマスコミですけど」

「表にいる連中とは違う？」

「そうですね。少し違います」

「そうすると、趣味みたいなものですか？」

「趣味とは……少し違うと思いますが」

「でも仕事じゃないんですよね」

「……そうですね」

「ボランティアですか？」

「そういうつもりではないです」

「どこかで発表するんですよね？　違うんですか？」

「そうしたいとは思ってますが……」

矢継ぎ早の質問に、何も明確に答えられない自分に我ながら呆《あき》れていた。警察と執行官とが帰った後、入ってきたときと帰るときの警察官の人数が合わないと一人の信者が言いだして、どこかの物陰に隠れているんじゃないかと今度は信者たちが大騒ぎになる。

「ねえ、この人は数に入れてるの？」

年配の女性信者がカメラを回し続けている僕を指さし、ミルクティを飲んでいた男性信者が、「ああ、この人は別らしいよ」と答える。しかし女性信者は腑《ふ》に落ちないという表情だ。僕の前に来て、胸の前で腕を組み直す。

「別って何ですか？　だってあなたはサマナではないんですよね？」

「違います」

「マスコミの方でもないんですか？」

「違います」

「一般市民の方とも違いますよね」

「……そうですね。違います」

問われるたびに僕の声は小さくなる。二階から降りてきた荒木浩が、苦笑しながら僕とのこれまでの経緯を彼女に説明する。そんな様子に僕はカメラを向け続ける。人格を持った一人の生きものではなく、全身が一台のカメラにでもなった気分だ。

この数日後、制作本部長から、契約の解除をほのめかされる。「君が態度を改めないのなら」と言われ、「態度ってどんな態度ですか？」と聞き返せば、「そういうところだ」とまるで安っぽいテレビドラマの一場面のようなやりとりでだが、事態は言うまでもなく深刻なのだ。五人めの家族はもう数ヵ月後にはこの世に誕生する。

「安室奈美恵ってわかりますか？」

混雑する東京駅の銀の鈴で待ち合わせたのは午後三時。ボディガードみたいな信者も一緒に来るんじゃないかと予想していたのだが、荒木浩は大きなバッグを二つ肩に下げて一人で来た。緑の窓口で新幹線のチケットを買う彼を背後から撮る。窓口の駅員は（荒木浩に気づかないわけはないとは思うが）、最初から最後まで無表情のまま。仕事が終わり同僚たちとビールを飲みながら、「おいおい今日オウムの、何て言ったっけ？　荒木だ荒木、あいつが新幹線のチケット買いに来たぜ」とでも得意そうに言う光景が目に浮かぶ。

車内は空いていた。尾行はついていないんですか？　と訊ねれば、「私はあまり公安には重要視されていないみたいですよ」と微笑《ほほえ》む。横浜の道場に行ったとき、ずっと尾行していた刑事がいたことを彼は知らない。立場や見解の相違はあっても、彼ら現場の警察官が懸命に職務を遂行していることは一面の事実だ。どちらに加担するにせよ、ライオンもカモシカも必死に生きていることは忘れてはならない。

静岡に着き、本を探したいという彼につきあい、駅ビルの中を本屋を探してしばらく歩き回る。擦れ違う人のほとんどは彼に気づかない。「みんな意外に無反応ですね」と言えば、「私の顔知ってる人は、そういないでしょう」と真顔で言う。

「そんなことはないでしょう。今の日本で、荒木さんの顔を見たことがない人はほとんどいないと思いますよ」

そうかなあ、と首を傾げながらエスカレータに乗り込む彼に、「安室奈美恵《あむろなみえ》ってわかりますか？」と訊ねる。

「知りません」

「スマップは？」

「何か聞いたことあります」

破防法に反対する静岡在住の人権活動家が主催するシンポジウムへの参加者は、総勢四〇名余り。地元のローカル局らしいクルーが一チェーンだけカメラを回していた。どこで情報を入手したのか、どうやらお目当てはシンポジウムそのものよりも荒木浩らしく、その露骨なカメラワークに少々苛《いら》つかせられた。人権派の顔とでも言うべき浅野健一《あさのけんいち》同志社大学教授と、山下幸夫《やましたゆきお》弁護士それぞれによる破防法を巡る講演の後、荒木浩は壇上に立ち、今のオウムの現状と警察の捜査の実態、そしてその究極に破防法が存在するという趣旨で二〇分ほど喋《しゃべ》る。破防法弁明で麻原の陳述に立会人として参加した浅野教授の話では、最後に発言を求められた麻原が、公安調査庁受命職員に向かって、「破防法を適用しなさい。しかしオウム以外の団体には今後ぜったい適用しないで欲しい」と述べたという話が興味深かった。当時のメディアはこの発言についてはまったく報道していない。唯一新聞一紙だけが、具体的な内容には言及せず、「最後に麻原被告が発言した」とだけ記述していた。僕も今日まで、彼がそんな発言をしていたことなど知らなかった。伝えるべきことの取捨選択は、確かに報道する側の判断だ。しかし誰もが関心を持つ麻原の発言を、全メディアが揃《そろ》って封殺することは、ある意味で虚偽の報道以上に悪質だ。他社が扱わないのなら、むしろ一社だけのスクープになるという発想もできるはずと思うが、とにかく少しでもオウムを正当化するような気配のある事実には、全メディアがこうして横並びで沈黙する。今に始まったことではないが。

シンポジウム終了後、会場に来ていた他のオウム信者たちの乗り込んだ車に荒木浩と同乗し、打ち上げの席にも同行する。かなり年季の入った軽自動車に都合六人乗り込み、こりゃ道交法違反で全員逮捕だなと大笑いしながら、打ち上げ会場である炉端焼きの店へと向かう。

宴席に流れたメンバーは二〇人余り。信者の他には、複数の弁護士、それに地元のマスコミや人権活動家という、いわゆる「人権派」と最近の風潮では揶揄《やゆ》される面々だ。猟奇殺人の疑いでつい先日再逮捕された小野悦男《おのえつお》の捜査と逮捕報道の非合理さを訴えるチラシが、焼き鳥や刺し身の盛り合わせの皿と共に、宴席をひっきりなしに行き交っている。

宴席の場での荒木浩は、ウーロン茶を片手に寡黙だ。周囲のメートルが上がり続ける中で、居心地の悪い思いをしていることがよくわかる。宴たけなわの頃、雑多な参加者が、一人ずつ立ち上がって改めて自己紹介を始める。指名を受けた僕は、カメラを回しながらこれまでの経緯を手短に説明し、更に何人かの質問に答える過程で、自主制作映画にするつもりであることを明かす形となってしまう。

喋り終えて腰を下ろすと、荒木浩が宴席の隅からじっと僕を見つめていた。テレビでの放送を断念した経緯は、これまで何となく彼に話しそびれていた。自主制作映画となれば、当然ながら影響力はテレビとは比べものにならないくらいに減少する。当初の彼が抱いていたこの作品に協力することのモチベーションが、大きく後退することは想像に難くない。

店の前で、次回は皆で警察の取調室で会いましょう、と大笑いしながら解散する。荒木浩や他の信者たちはこれから車で上九一色に向かうとのこと。別れ際、車に乗り込む荒木浩が何とも言えない心配そうな表情で、僕をしばらく見つめる。

彼の視線の意味はわからない。懐具合を心配してくれたのか、あるいは、自主制作を決意したこのドキュメントの今後について、問いただしたいことがあったのか。

やはり今回の講演のために東京から来ていた山下幸夫弁護士と共にホテルに泊まる。「宿を決めてないなら僕が予約していたホテルに行きましょう。部屋はまだありますよ」と気さくに誘われたのだが、ワシントンホテルと聞いて正直困惑する。肩を並べて夜道を歩きながら、断ろうかどうしようかとずっと悶々《もんもん》としていたが、着いてみれば普通の地方都市のビジネスホテルで安心する。

宿泊、交通費を含めて三万円近く。テープ代や飲食費もバカにならない。制作本部長から「今後は自分で勝手にやってくれ」との最後通告を言い渡されてから、カメラのレンタル代も含めてすべて自分の懐でまかなってきたが、それもそろそろ限界。何よりも、契約を解除された後の生活の目算もまったくたたず、そんなことも重なって、静岡の夜はかなり酩酊《めいてい》しているはずが、どうにも目が冴《さ》えて眠れない一夜となる。

荒木浩の出家の理由

七月十四日。亀戸《かめいど》総本部。この日は、教祖交代の記者発表を行う予定で、その準備の様子も含めて撮影するつもりだった。しかし六階の会見場所に到着したときには、いつも手際の悪いオウムにしては珍しく準備はほとんど終わっていて、荒木浩はいつになくリラックスした表情で僕を迎えた。

「そういえば、このあいだの話の続きですけど」

「このあいだ？」

「出家の理由です」

「ああ、そうですね……ずっと真理を探していたんです。真理はここにあると確信したんです」

「確信した理由は？」

「尊師のお言葉です」

「どんな言葉ですか？」

「特に一つというわけではありません」

「真理をなぜ欲したのですか？」

「なぜ？　森さんは真理には興味はないですか？」

「ないことはないです。……特に宗教的な環境で育ったとかそういう背景はあったのですか？」

「ないですね。父親は普通のサラリーマンですし」

「じゃあなぜ？」と更に聞きかけて思い直した。こんなレベルで会話を続けても、得るものなど絶対にない。同時に次の質問が思いつかなくなった。必死に掬《すく》い取ることを試みてはいるが、言葉がぼろぼろと指の隙間《すきま》から零《こぼ》れ落ちてしまう感覚をどうしても払拭《ふっしょく》できない。質問を発したその直後に、あるいは答えを聞いたその瞬間に、自分が聞きたかったことはこんな言葉じゃないとの焦燥は募るばかりだが、角度と距離がどうにも摑《つか》めない。

「……荒木さんの言葉には二面性があるでしょう?」

苦し紛れの僕の言葉に、荒木浩は黙って首を傾げる。

「立場上、二つの言葉を使い分けていますよね。広報部の荒木と信者の荒木と」

ああなるほど、と彼は頷《うなず》く。

「確かにそうですね」

「……僕は、今もオウムに残り続ける信者たちの宗教的確信を理解したくて、このドキュメントを思いつきました。でも、もう最初に青山総本部を訪ねてから、一〇カ月以上経過したけど、やっぱり未《いま》だにさっぱりわからないというのが本音です」

「……修行をしてみたらどうでしょう」

少し考え込んでから、荒木浩は言う。

「僕はオウムの教義にはまったく関心はありません。宗教心は人並みにあるつもりだけど、特定の宗教には興味はほとんどない。そんな人間でも、修行をして意味がありますか?」

「中途半端にやるのなら意味がないですね。それどころか、私たちは魔境という言い方をしますが、修行の仕方を間違えるとそこに引き込まれてしまいます」

施設の前でマスコミが出入りする信者たちを許可なく撮影していますとの報告が来て、会話はここで中断した。あわてて階段を駆け下りる荒木浩の後ろ姿を見送りながら、ならば修行をやってみましょうかとでも言えば、新たな展開があったのかもしれないなと考える。しかしそこまで同化することも対象との距離感を失いそうで、直感的な忌避感があることは事実だ。いや正確には忌避感ではない。もしもこの作品が発表できる状況になったとき、距離を誤ったと評価されることが怖いのだ。所詮《しょせん》はそんな程度なんだと誰もいなくなった道場で溜息《ためいき》をつく。しかし、この「魔境に引き込まれる」というフレーズは、僕に一つの過去を思い出させていた。

思い起こした神秘体験

大学を卒業して就職もせずに毎日をぼんやりと過ごしていた頃、神奈川県にある曹洞宗《そうとうしゅう》の寺に半年ほどこもったことがある。当時、精神世界は流行のキーワードではあったが、僕の場合は積極的に宗教に対峙《たいじ》しようという決意があったわけではなく、家賃滞納でアパートを追い出されて、「そこに行けば家賃はいらないし三食つくよ」と、その寺で過去に修行した経験がある高校時代の友人に誘われたからだ。

寺に着いたその日に、この人を訪ねるようにと友人に名前を教えられていた僧が、足を骨折して前夜に病院に運ばれたばかりだということを知った。そして数日後、別の僧侶《そうりょ》から怪我《けが》の理由を教えられた。

「あいつは昔の癖が抜けなくてな」

「昔の癖って何ですか？」

「シンナーだよ。部屋で一人でラリって、それで階段踏み外したんだよな」

啞然《あぜん》とする僕には目もくれず、「それにしても今日は蒸すなあ」と僧侶は法衣の袖《そで》に手を入れてぼりぼりと二の腕を掻《か》く。両腕の肘《ひじ》から上が一瞬覗《のぞ》き、見事な極彩色の登り龍が網膜にやきついた。

　座禅は最低でも一日五時間は組んだ。空いた時間には作務《さむ》といって、掃除や洗濯などの労働をこなさなくてはならない。僕は一〇人ほどの僧侶たちの食事当番を仰《おお》せつかった。食事は三食ではなく朝食と昼食だけ。もちろん精進料理だ。カレーを作るときも肉は使わず油揚げを入れる。面倒なので、僕は野菜の天ぷらと肉抜きのカレーばかり作っていた。でも台所の大型冷蔵庫には、なぜか松阪牛や鳥の腿《もも》が大量に冷凍されていた。

　禅を組み始めて三ヵ月目のある夜、対面していた障子の桟が突然ぐにゃぐにゃと動き始め、同時に耳元では様々な男や女の声で、「こっちだこっちだ」「こっちにくるのよ」という声が響き始めた。もちろん周囲を見渡しても、一列に並んで禅を組む僧侶だけで他には誰もいない。幻聴というにはあまりに生々しいその声は翌朝の座禅の際にも聞こえ、耐えかねて住職に相談したら、「それはわかりやすく表現すれば、君の霊的な周波数が少しずつ同調してきたからだよ」と教えられた。

「いいかい森君、ここが肝心なところだよ、ここで集中しないと悪いほうに引っ張られてしまうからね、そんなことになったら修行が君にとって逆効果になってしまう」

　住職の部屋から引き揚げながら、何だ要するにスターウォーズじゃないかと思いつく。良い理力《フォース》と悪い理力《フォース》だ。ルーク・スカイウォーカーになったつもりの僕はそれから一ヵ月後に、君は仏門に入るにはまだ早すぎると住職に寺を出ることを勧められた。

「ただ座るだけで修行が進むものではない。そんな簡単なら誰も苦労はしない。君は人生経験がまだ少ない。いろいろ俗世間の垢《あか》にまみれてからまた来なさい。寺は逃げないからね」

修行に対して決して前向きではない（動機を考えれば当り前だが）不真面目《ふまじめ》な僕へ引導を渡すための方便だったのかもしれないが、でも仏教には「俗世の助走」という側面は、確かに必要だと僕は思う。

彼らが今もオウムに留まり続ける理由

荒木浩たちオウムの信者に僕がいちばん物足りなさを感じるのは、まさにこの一点だ。人生体験という意味では彼らはほとんど例外なく平板だ。山頭火の血を吐くような自己矛盾と苦悩は彼らには無縁だ。彼らが時折見下したように「凡夫」と表現する俗世の人の営みは、本来出家と別の地平にあるのではなく、営みのその延長上に出家があるはずなのだ。自分の体験からいえば、事あるごとに彼らが口にする神秘体験なるものぐらいは、きっとあるだろうなと僕は推察する。しかし神秘体験そのものは、心霊写真を撮ったとかUFOを目撃した体験とほとんど相違はない。僕が聞いた怪しげな声だって、脳内物質を持ちだせばおそらくいくらでも科学的な説明はつくし、真実かどうかなんて煩悶《はんもん》したところで誰にもわからないし意味はない。体験した本人にとっては主観的な真実だし、第三者である他人にとっては、客観的な物理現象だ。

いずれにせよ、もしも悟りなるものが実在するのなら、その助走となる世俗を体験することは必要だと僕は思う。しかし残された信者だけでなく、既に逮捕された幹部クラス一人ひとりにも、濃密な人生体験を背景に滲《にじ》ませる人物はほとんど見受けられず（一人だけ例外はいる。麻原彰晃だ）、その意味で僕はオウム真理教という宗教組織のありかたには微妙な違和感を持っている（しかしこの傾向は、何もオウムだけに突出しているわけではない。効率を求めて組織となったとき、ほとんどの宗教は必ずこの矛盾を内包する）。

彼らがオウムに惹《ひ》かれた理由はわかる。教義の緻《ち》密《みつ》さと修行システムの合理性は皆が口にする。しかし、その背景に共通する動機の普遍性を探すことは、おそらく不毛な作業だ。

「養豚の仕事をしていたんです。殺生続きの毎日が嫌になって」と説明した信者がいた。「子供の頃に孫悟空の話を読んで、結局お釈迦《しゃか》様の掌《てのひら》から逃れられないんだということを知ったとき、大きくなったら仏門に入ろうと決めたんです」と語ってくれた元中学教師もいた。「宇宙に憧《あこが》れ、有限と無限や生命の輪廻《りんね》について考え続けていたとき、尊師の本に出会ったんです」と言う女性信者もいた。

道を歩いていてふとレンタルビデオ屋を覗《のぞ》こうという気になるように、彼らはその人生のある瞬間、ふとオウムに足が向いたのだ。テレビの司会者は、「なぜ彼らがオウムに惹かれたのか、その理由は今もどうしてもわかりません」と眉間《みけん》に皺《しわ》を寄せるが、そんな理由は信者によって様々だし、解明する意味はない。彼らは自らの裡《うち》に渇望する父性を麻原に求めたのだと論じる人がいる。差別されることの怨嗟《えんさ》を発散させたのだと言う人もいる。アニメに夢中になるようにオウムの漫画的な世界に幻惑されたのだと唱える人もいる。どれもが間違いではないが一部でしかない。父性を渇望する人も、被差別者も、アニメおたくも、彼らの世界と同量にこちら側にもいる。濃淡はあっても峻別《しゅんべつ》はできない。その意味で、オウムは普遍性を模索する僕らの習性を、嘲笑《ちょうしょう》するかのように屹立《きつりつ》している。

しかし、残された信者、逮捕された信者が、今もオウムにこだわり続ける理由は解かなくてはならない。理由はきっとあるはずだ。その思いは僕にこのドキュメントを発想させた動機の一つだ。そして今、理由はおぼろげながら見え始めている。彼らが今もオウムに留《とど》まり続ける理由、そのメカニズムは、オウムの内ではなく、オウムの外、すなわち僕らの社会の中にある。

六　勃発した不当逮捕

安岡卓治、プロデューサーとして参加する

制作会社から契約の解除を正式に通告される。明確な理由は呈示されない。本来は一年の契約なのだから、理由を明確にしない以上は不当だとごねることも可能だろうが、とにかくもはやこれ以上この環境に忍耐し続けることは僕にも不可能。家族の顔は浮かぶが仕方がない。

自主制作となっても撮り続けます、と静岡では宴席で大見得をきったが、生活の保障を失い、フリーランスのディレクターとして日々の仕事を探しつつ、空いた時間を使って撮影を続けるこのスタイルをいつまで持続できるのだろうか？　インディーズの映画プロデューサーであるN氏に紹介されて会う。電話で内容を説明したときには、「海外でなら売れるかもしれないな」と言ってくれたが、ラッシュを見せた後にはいきなり急激にトーンダウンして、「悪いが力になれそうもないよ」が第一声だった。

「今のオウム報道はおかしいと俺《おれ》も常々思ってるよ。だけどこの作品は表現の仕方をもう少し、何て言うかな、工夫がないと社会を敵に回すよ。やっぱり商品なんだからさ、社会

を敵にしちゃ成立しないよ。モザイクがあるのなら多少は風当たりは違うかもしれないが」

「モザイクは絶対つけません」

「じゃ無理だよ。諦《あきら》めたほうがいい。悪いことは言わないけど、これを引き受けるというプロデューサーはちょっといないと思うよ。まあ気が変わったらまた来てよ」

五年前、テレビで小人プロレスのドキュメンタリーを作ったとき、まったく同時期にやはり彼ら小人プロレスラーたちの自主制作映画を作っていた小島康史《こじまやすし》の名前を思い出す。以前もらっていた名刺の住所宛《あて》に手紙と共にテープを送れば、即座に「自分としては力になれないが一人の人物を紹介する」という返事が来た。

待ち合わせた新百合《しんゆり》ヶ丘《がおか》駅前のパスタ料理店。久しぶりに会った小島康史は、「実はまだ小人プロレスのドキュメント映画撮り続けているんですよ。終われなくなっちゃって」と自嘲的《じちょうてき》に笑う。五年という制作期間はテレビではまず考えられないサイクルだ。終われなくなった自己にここまで忠実であることは、職業ディレクターである僕にはとうていできそうもない。「まあ収入は別の部分で何とかなってますから」と苦笑する彼は、ドキュメンタリー映画を自主制作する傍ら、ここ新百合ヶ丘にある映像専門学校の講師でもある。

「あのとき、現場で森さんの仕事ぶりを横目で眺めながら、俺にはテレビの仕事は逆立ちしたってできないなあってつくづく思いましたよ」

決して揶揄《やゆ》や皮肉で言っているわけではないことはわかっているが、小島のこの言葉は、今の僕としてはこれ以上ないほどに複雑だ。

安岡卓治《やすおかたかはる》は、十分ほど遅れて汗を拭《ふ》きながらやってきた。事前にプロフィールは聞いていた。映画学校の学年主任、その意味では小島康史の上司にあたるわけだが、かつて『ゆきゆきて、神軍』に助監督として参加しており、数々の自主制作映画のプロデュースも経験している人物だ。席につくなり安岡は、小島から渡されていたらしいデモテープを鞄《かばん》からとりだし、オーダーを取りに来たウェイターを傍らに、早口にこう言った。

「僕も一時は森さんと同じようにテレビの世界に身を置いていました。この一年余り、ずっとテレビを眺めながら、暗澹《あんたん》たる思いでいっぱいだったんですよ。かつてテレビをやってて、そして今は若い作家を育てる立場として、自分は今のメディアの末期的な事態をこのまま傍観していていいのかという思いがずっと漠然とありました。どこかにいないのかと考えていた。どこかにそんな男がいないのかとずっと考えていた。小人プロレスのテレビドキュメントは僕も見ました。面白い男がテレビにもいるんだな、と思った。小島からその人が今、オウムを自主制作でたった一人でやっていると聞いた。そして昨日この映像を見せられた。余計なことは言いません。こんな映像を見せられて黙殺なんかできるわけがない。これから自分がとるべき行動は一つしかない」

こうしてこの瞬間、この作品にプロデューサーが誕生した。

亀戸総本部での記者会見

一九九六年八月七日。亀戸総本部。ビルの六階の道場で、記者会見はいつものように始まった。僕は安岡が早速購入した真新しいデジタルカメラを、そして安岡は道場の対角線に陣取って、サブのカメラである8ミリビデオカメラを回す。会見が終わりマスコミが帰った後、どこに隠れていたのかアーチャリーがひょっこり現れる。感心したのはその身のこなし。カメラを向けると必ず視界に入るぎりぎりのところでするりと身をかわす。背中から撮っても同様で、それでも諦めきれずに周囲をうろうろしていたら、最後にはうるさいとばかりにレンズに手で蓋《ふた》をされた。横では他の信者たちが「正大師はカメラアレルギーが強いんですよ」と笑いながらそんな様子を眺めている。

道場の横の事務室で、本日の記者会見に出席した村岡達子《むらおかたつこ》代表代行、法務部に所属する広末晃敏《ひろすえあきとし》、広報部荒木浩、それに二人の上司とでも言うべき山本康晴《やまもとやすはる》（所属は特にないが「師」という高いステージにあると紹介された）の四人でしばらく雑談。山本に会うのはこれが二度め。初めて会ったときは、メディアに対しての敵意が露骨に表情に現れていて、噂《うわさ》に聞くオウムの武闘派とはこんなタイプかとも思ったが、この日は終始柔和な笑顔を見せている。山本、広末の両名とも背広にネクタイ姿で髪もきれいに揃《そろ》えられており、一般的な信者のイメージからは程遠い。壁に貼《は》られた人体解剖図が目を引いた。オウムの施設には所々にこの解剖図が貼られている。リアルな写真の場合もある。

「肉体への執着を捨てるためなんです」

僕の視線に気づいた山本が、ほのかな微笑を口元に浮かべながらそう説明する。

「肉体の個別性に大きな意味なんかないということを実感するために貼ってあるんです」

村岡代表代行が補足する。

「グロテスクに見えるかもしれませんが、仏教でも肉体が腐敗する過程を写実的に描写した有名な仏画があるんですよ。お寺に行けばよく見かけます。でもマスコミの方は、例えばこれだけをとりあげて、オウムはおぞましい邪教って言い方をなさるんですよね」

初めて会話を交わす彼女は、仏典の翻訳担当というポジションと東京外語大学卒業という経歴から、ある程度知性的なことは想像していたが、抱いていたイメージよりは遥《はる》かにチャーミングで女性的だ。新宿二丁目の馴染《なじ》みの店で、カウンターの中で彼女が微笑《ほほえ》んでいたとしても、たぶん違和感はまったくない。会見という緊張の後の解放感のゆえか、皆非常にリラックスしていい雰囲気の一時間だったが、外部マイクのスイッチを入れ忘れていて音声はない。明らかに僕のミス。一人で撮影を続けているときには一度もなかった初歩的なミスだ。やっと出会えたプロデューサーが撮影に同行した初日に、よりによってこんなミスを犯す。つくづく集団行動には向いていない男と自覚する。


「ポアされて本望だろう。人間じゃないんだからよ」

雑談を終えて、広報部が移転してまもない千駄ヶ谷のマンションに戻る荒木浩たちに、撮影しながら同行したいのだがと打診する。「私は構わないんですが、千駄ヶ谷にいる他の信者たちの了解はまだもらっていないんです」荒木浩は僕の申し出に困惑の色を浮かべている。

「途中までならいいですけど。じゃ亀戸駅まで同行させてください」

「わかりました。じゃ亀戸駅まで同行させてください」

こうして、村岡代表代行に別れを告げ、山本、広末、荒木浩の三人の信者たちと共に、僕と安岡はカメラを回しながら亀戸総本部を後にする。出ると同時に、張り込んでいた私服、制服とりまぜた何人かの警官が、前を歩く三人の信者とその背後の僕と安岡に、執拗《しつよう》に名前や行先を訊ねてくる。職質には馴れているはずの僕もむっとするくらいに横柄な言い方で、癇《かん》に障ったのか山本だけが任意であることを確認したうえで答えることを拒否。しかし警官は引き下がらない。山本を取り囲み、とにかく名前を言わせようと恫喝《どうかつ》を始める。騒ぎを聞きつけたのか、近くの家からわざわざ出てきたステテコ姿に腹巻きの親父《おやじ》が、「やっちゃえやっちゃえ」と嬉《うれ》しそうにしきりに警官に声をかけている。野次馬が集まり始め、路上での言い争いはいつまでも続く。警官に取り囲まれた山本を気遣って側に寄ろうとする荒木浩と広末の二人は、他の警官たちに密着され動きを阻止されて、三人は路上でばらばらにされている。見事なフォーメーションだ。しかし感心している余裕はない。「あなたがたは何ですか？」と私服の警官に何度か僕と安岡は訊ねられ、そのたびに僕らは「ドキュメンタリーを自主制作しているものです」と同じ答えをくりかえす。時折はレンズを手で遮るような動作をしかけるが、撮影を止めろとは言ってこない。もちろん言ってきたら、公務中の公務員に原則的に肖像権はないし、何よりもここは公道であると主張するつもりでいたが。

言い争いは小一時間は続いた。業《ごう》を煮やした山本が、行く手を遮る私服の脇《わき》を小走りに駆け抜けようとするが、素早く後を追った私服は山本の腕を摑《つか》み、「名前教えてください」と大声で言いながら、ちらりと僕のカメラに視線を送る。次の瞬間、私服はやにわに山本に全体重を預けるようにのしかかり、空いている片手で山本の首を押さえながら、もつれるように激しく路上に押し倒した。鈍い音が響き、不意をつかれた山本は後頭部を地面に打ちつけて、意識を失ったのかそのまま動かない。同時に、のしかかっていた私服は芝居っけたっぷりに悲鳴をあげて、打ちつけてもいない膝《ひざ》を抱えてその場に悶絶《もんぜつ》した。駆けつけた警官の一人が、路上にうずくまる私服の膝を大声で気遣い、他の警官がやはり不必要なくらいに大声で「公妨だね？」と傍らの私服に訊ね、問われた警官はこれもまた大声で「ええ、公務執行妨害！」と答える。ステテコ腹巻き親父がいいぞいいぞと嬉しそうに笑い、通行人のうち何人かは拍手を送る。

対応は迅速だった。駆けつけた制服が他のオウム信者たちの行動を阻止し、救急車が現れ、引き起こされた山本は、足許をふらつかせながらパトカーに押し込まれる。不当な逮捕であることを必死に訴える荒木浩の袖《そで》を摑んだ体格の良い私服警官が、大人が子供にするようにその場で振り回す。けたたましいサイレンを鳴らしながら、山本を乗せたパトカーは発進し、夕闇《ゆうやみ》が色濃い街の雑踏にテールランプが滲《にじ》んでゆく。ざまあみろバカヤロウと野次馬の誰かが叫ぶ。死刑にしちゃえ！　と誰かが呼応する。現場に取り残された荒木浩は呆然《ぼうぜん》と立ち尽くしている。ステテコ腹巻き親父が事件の証人として同行したらしいと、携帯電話を手にした広末が、上ずった声で荒木浩に説明している。聞いている荒木浩も動揺は激しく、携帯電話をとりだしては意味もなく何度も耳に当てる行為をくりかえしている。

このステテコ親父が、倒れて意識を失った山本を見下ろしながら、「人間じゃねえんだからよ、こいつら。殺されても文句なんか言えねえんだからよ」と傍らの見物人に嬉しそうに言ったとき、カメラを回しながら、正直僕は殺意に近いほどの衝動を覚えた。これほど人に憎悪を覚えたことは最近ちょっとない。話しかけられた中年のサラリーマンは、額の汗を拭《ふ》きながら歯を剝《む》きだして笑う。「全部死刑にしちまえばいいんだよなあ」と誰かが嬉しそうに親父に同意する。「ポアされて本望だろ」別の誰かが言い、聞いた誰かが大きな笑い声をあげていた。

「あたしにもあなたがたと同じくらいの子供がいるのよ。だから他人事《ひとごと》じゃないのよ。どうしてこんなになってもオウムをやめようとしないのよ」

舗道で立ち尽くす荒木浩たちに、通りがかりの主婦たちが話しかける。僕はあわててカメラのスイッチを入れる。その傍らで安岡は8ミリビデオカメラを手に、主婦にレンズを向けるべきかどうかためらっていた。躊躇《ちゅうちょ》の理由はたぶん二つ。了解も得ずに主婦の顔を撮ってもいいのかどうか。それと何よりも、主婦にレンズを向ければ、対面する形で同じくカメラを回している僕も視界に入るからだ。構わない。僕は目で安岡に合図を送る。セオリーなんかどうでもいい。必要なのはもはや反射神経だけだ。とにかく今この瞬間のこの状況に、僕らも最大限の反応をすることだ。

どうしてオウムをやめないのよ、と主婦たちの詰問は延々と続く。内心はそれどころではないはずだが、二人は懸命に答え続ける。

「頭の良いあなたたちが今やるべきことじゃないでしょう?」

「頭が良かったら何をすればいいとおっしゃるのですか?」

「人の上に立つ人になればいいじゃないの。とにかく何をやっても、一度色に染まったオウムは変わらないのよ」

「僕たちは変えてみます」

「あなたね、水に赤いインクが混じったらもう戻らないのよ」

「フィルターをつければ戻ります」

「馬鹿言わないでよ。フィルターで一生を過ごすの?」

「その覚悟はしています」

とりあえず釈放の要求をするため城東警察署に向かうことを決めた荒木浩たちは、事は急を要すると判断したのか、珍しく一台のタクシーを止める。後に続く僕と安岡に、収まりがつかない主婦たちは、「あなたがたなら私たちの気持ちはわかるでしょう?」と執拗に話しかけてくる。一緒に乗りますか? といった表情で、タクシーに乗り込みかけた荒木浩が振り向く。「僕たちは別に行きます」一瞬ためらってからそう答えると、荒木浩は黙って頷《うなず》いて車に乗り込んだ。

現金なものだ。我ながら思う。安岡が撮影に加わったその日から、主語が「僕」から「僕たち」になっていた。

「前のタクシーを追ってください」

後に続いたタクシーの運転手にそう頼むと、「何かあったんですか?」と嬉しそうに訊ねてくる。先に乗り込んだ安岡にカメラのスイッチを入れるように目で合図を送りながら、「オウムがまた何か懲りずに騒動を起こしたみたいですよ」と水を向ける。報道やワイドショーなどの現場で使う常套《じょうとう》手段だ。「悪い奴《やつ》らですよねえ」と同意を求めれば、「本当だよねえ許せないよねえ」と十中八九相手は頷く。使うところは相手の反応だけ。「このように地元の人々は口々に不安を訴える」とでもナレーションをつければ完璧《かんぺき》だ。「本当に懲りない奴らだよなあ」と運転手が嘆息する。

「お客さんマスコミの人でしょう。破防法はどうなるんすかねえ。やるならやるで早くやってもらわないと、落ちつかないよねえ」

安岡がカメラを膝《ひざ》に置いた。僕の運転手へのやり方に、無言で抗議の意を示している、僕にはそう感じとれた。思い込みかもしれないがそう感じた。僕も言葉はない。既成の手法をとにかく封印するなどと勇ましいことを言いながら、染みついた習慣はなかなか捨てられない。

城東署の玄関口に消える荒木浩と広末を見送る。カメラを下ろした瞬間を見計らったように、木刀を手に玄関口をうろうろしていた私服が近づいてくる。

「あんたたちオウム？」

単刀直入な質問だ。安岡が苦笑しながら「違いますよ、だってタバコ吸ってたじゃないですか」と答える。

「いや、最近はタバコ吸っている信者もいるからねえ」

言いながら私服は、背広の内ポケットからメモを取り出す。

「で、差し支えなければ名前教えてもらえますかねえ？」

「その映像、貸して頂けませんか？」

直談判《じかだんぱん》をしたものの相手にされず、三〇分ほどで署内から出てきた荒木浩たちは、千駄ヶ谷に行く予定を変更して、今夜は亀戸総本部に戻るという。彼らを待つあいだ、僕の中には一つの懸念が生じていた。今夜はここまでにしたほうがよいとの直感が働き、「それじゃ、今夜は帰ります」と二人に告げた。徒歩で亀戸総本部に戻る二人の後ろ姿を見送ってから、「さてどうしようか」と安岡と二人顔を見合わせる。「ビールが飲みたいな」と小声で言えば、即座に「いいねえ」と返事がかえってくる。

カメラバッグをそれぞれ肩に下げ、亀戸の駅に向かって歩き始める。「しかし強烈だな」と安岡が溜息《ためいき》混じりにつぶやく。彼にしてみれば、撮影初日、それもとりあえず雰囲気を知るためにということで加わったこの日にこんな事態が勃発《ぼっぱつ》したのだから、嘆息するのも無理はない。

「それにしてもわからない」

歩きながら安岡が言う。

「何が？」

「何で警察は撮影を制止しなかったんだ？」

同感だった。路上での言い争いが始まった直後、私服の刑事たちは「君らは何だ？」と何度も訊ね、そのたびに「ドキュメンタリーを撮っています」と僕は大声で説明した。それから一時間近く路上で信者たちと口論を続けるあいだも、警察は至近距離で回るカメラにはほとんど終始一貫して黙殺を決め込み、そして何よりも最後の暴行の瞬間も、近づく僕のカメラにちらりと視線を送りながら、彼は一瞬の逡巡《しゅんじゅん》もなく山本を路上に押し倒した。

「……オウムの信者に間違われたわけじゃないよな」

「だって僕は、何度も名乗ってるよ」

「うん、俺《おれ》も何回か聞かれて、答えてるしなあ」

この時点で、この疑問以外に僕にはもう一つの懸念が先刻からあった。そしてそれは安岡も同じだった。しかし二人とも口にしなかった。口にすれば、それが現実になってしまうような奇妙な不安があったのだ。

亀戸駅前に安そうな居酒屋を見つけ、それぞれ中ジョッキを二杯ずつ飲み干したところで、携帯のベルが鳴る。僕は顔を上げる。安岡も僕を見ていた。二人とも無言だった。僕は携帯を耳に当てた。

「森さんですか。荒木です」

「はい」

「実は、……森さん、山本が倒される瞬間を撮影されてましたよね」

予感は当たった。荒木浩は遠慮がちに、しかしそれでも彼にしては珍しく、強い意思を言葉の端々に滲《にじ》ませながら言う。

「その映像、貸して頂けませんか？　山本の無実を訴えるためには、それがいちばん大きな証拠になるんですよ」

亀戸総本部の前で警備していた警官たちが、再び戻ってきた僕と安岡に、あわてて声をかける。名前と住所を早口に告げる。この日だけでいったい何度名前を聞かれただろう。警備小屋でぼんやりとそんな様子を眺めていた信者が、入りますよと声をかけると、こっくりと頷いた。

深夜の本部内は騒然としていた。

「酔っぱらってこの施設の中に入ったのは僕たちが初めてだろうな」

そうつぶやいたが、8ミリビデオカメラを肩に下げデジタルカメラを手にした安岡は、緊張しきった表情でにこりともしない。

「絶対に素材は渡せない」

居酒屋で荒木浩との話を終え携帯電話を切った僕に、ジョッキを片手に持ったまま安岡はかすれた声で言った。説明するまでもなく彼は事態を把握していた。

中ジョッキをもう一杯ずつ頼み、飲みながら二人は、溜息ばかりをついていた。作品を守るためには、素材を渡すことなど絶対にできない。だけど彼らは納得しないだろう。突っぱねることで、おそらく今後のコミュニケーションも最悪なものになることは明らかだ。作品を守る行為が作品を中絶させることになる可能性は非常に高い。この二律背反から逃れられる妙案はどうしても考えつかない。

「とにかく撮ろう」居酒屋のレジの前でそう言ったのは僕だ。

「これから事態がどう転がるか予測はつかないけど、でもとにかくどうなろうと、僕たちに今判断できることでいちばん確かなことは、これから起こることを逐一記録することだと思う」

財布から千円札を三枚ずつ出し合い、店の外に出る。夜風は生暖かく、縁日にでも行くのか傍らを浴衣《ゆかた》姿の親子連れが嬉しそうにはしゃぎながら通り過ぎる。僕は安岡にデジタルカメラを手渡した。たぶんこの後は、僕自身も被写体になる。口を固く結んだ安岡が、無言で大きく頷いた。

「できません」

僕は荒木浩に言う。傍らでは安岡がカメラを回し続けている。

「荒木さん、それは無理です。制作途中の素材を第三者に渡すことはできません」

「山本には執行猶予がついているんです。これで起訴となれば実刑は確実です」

「破防法確定のための大きな要素、つまり反復・継続して犯罪を行う可能性があるという立証に使われる可能性があるんです」

「暴行を加えた警官は、城東署ではなく公安らしいんです。山本ははめられたのかもしれません」

荒木浩と広末はかわるがわるに訴える。その間にも、傍らの電話のベルはひっきりなしに鳴り続ける。

「事情はわかります。でも……とにかくそれは無理です」

「……焦る必要はないという気もするんですよ。今夜一晩ぶちこんで、それで明日の朝には釈放されるという可能性も、決してないとはいえないと思いますよ」

カメラを構えながら、安岡がおもむろに口を開く。口調はいつもながらに穏やかだが、語尾が微《かす》かにかすれ、瀬戸際にいる緊張感は言葉の端々に覗《のぞ》く。彼も必死だ。

「そうでしょうか？」

唇を嚙《か》みしめ、荒木浩は天井を仰ぐ。数人の信者たちが、僕らの会話などまったく耳に入らない様子で、すぐ横の祭壇に向かいマントラを唱え始める。修行するぞ修行するぞ修行するぞ修行するぞ。カセットテープの麻原の声が室内いっぱいに響き続ける。僕の声も自然に高くなる。

「言うとおりにしない信者にちょっとお灸《きゅう》を据えてやろうというレベルだと思いますよ。彼らもカメラが側で回っていたことは知っているはずだし、まさかこれで起訴まではしないと僕も思います」

「……映像を貸してもらえない理由は何ですか？」

形勢有利とばかり畳み込んだ僕の言葉に、数秒の沈黙の後、荒木浩はぽつりと言う。答えようとして、僕は一瞬言葉に詰まる。制作途中の映像素材を第三者に見せたり貸したりすることはできない。確かにこれは大原則だ。しかしその大原則の根拠を、今この瞬間明確に説明することができない自分に気がついた。

「……僕は、この作品でオウムの便宜を図る気もありませんし、警察に協力するつもりもありません。あくまでも中立な立場でこの作品を作るつもりです」

「それは充分にわかっています。味方をして欲しいと言ってるつもりはありません。事実を証明してくれと言ってるだけです。それは森さんたちの中立性を損なうことになりますか？」

「……きっと今、荒木さんたちに映像をお渡ししたら、この作品の生命はそこで間違いなく断たれると思うんですよ」

絶句した僕に代わり、カメラを胸元に構えたまま、安岡がゆっくりと話しだす。普段は教鞭《きょうべん》をとる彼の口調は、こんなときには実に説得力を発揮する。

「それでなくともこの作品は、社会から無条件に受け入れられる作品ではありません。たぶん発表のときには、僕らのスタンスは厳しく問われる事態になると思います。その制作過程で、理由はどうあれ、素材をオウム側に提出したという事実は、まさしく命取りになります。つまり、作品としての価値はそこでゼロになるということです。それがわかっていながら、今映像をお渡しすることは僕らには不可能です」

最終的に荒木浩たちは納得した。映像を第三者が撮っていたということをせめて警察に表明するところまでは認めて欲しいと広末が提案し、僕も安岡も、そこまでは彼らに干渉できないと同意したからだ。

城東署に電話をかけ即時釈放を要求する広末の横顔を撮りながら、僕は背中が汗ばむほどに混乱していた。何のことはない。結局のところ、世間の蔑視《べっし》が怖いから、作品の制作過程に傷がつくことが怖いから、オウムに映像素材を渡せないと僕らは主張しているのだ。苦し紛れに「中立でありたい」と僕は荒木浩に口走った。公正中立に事実を客観視するなどという慣用句は、不祥事を起こしたマスメディアが無自覚に口走る陳腐なスローガンにすぎないと知りながら、だ。

公正中立でものは作れない。断言できる。主観の選択が結実したものがドキュメンタリーなのだ。事実だけを描いた公正中立な映像作品など存在しない。そもそも中間に立とうにも、オウムの座標がわからない限りは、両端から等距離の位置など測定できるはずがない。その覚悟はしていたつもりが、追いつめられると苦し紛れに、こんなにもあっさりと馬脚を顕《あらわ》していた。

カメラが回っていたことは、現場にいた警官は全員知っている。決定的な瞬間も撮られていたことは、当の暴行を加えた私服が何よりも自覚しているはずだ。なぜ彼らがカメラに対してあれほど無防備だったかは依然わからないが、その事実を改めて突きつけられれば、いくら何でも起訴は思いとどまるだろうと僕は考えていた。予測と言うよりも願望に近い。頼むから起訴はしないでくれ。頼むから冷静に事態を判断して、彼を明朝釈放してくれ。あなたがたの無軌道で軽薄な行為のために、この作品が今大きな危機を迎えかけているんだ。

警察への連絡の後、荒木浩は今夜これからマスコミを呼んで、この不当逮捕の経緯を記者発表するつもりでいると僕に伝えた。どうやら上層部から電話で指示があったようだ。警察に対して先手を打っておきたいとの意向らしい。記者会見を開くからには、おそらくその瞬間の目撃者である僕や、僕が撮った映像について、まったく触れないというわけにはいかないだろう。もちろん本音では止めて欲しいと思ったが、しかし彼らが自発的な判断で行うことを制止できる権利など、本来自分にはないとも考えた。混乱していた。安岡のカメラの被写体は今や荒木浩だけでない。僕自身が被写体なのだ。撮影する側とされる側の論理が錯綜《さくそう》して入り乱れながら焦燥していた。ジョッキ三杯のビールが、今頃になって胃袋の中で揮発し始めていた。

討議する僕らの傍らでは、垢《あか》じみたサマナ服を着た老婆が、新教祖になったばかりの麻原の幼い長男と次男の説法ビデオを凝視していた。

「新しい時代を迎えるためには、新しい犠牲が必要だ」

エンドレスに編集されたVTRの中の新教祖は、何度も何度もたどたどしくそうくりかえしていた。急遽《きゆうきよ》マスコミが来るということが館内放送で発表され、修行に励んでいた他の信者たちは騒然と浮き足だっていたが、老婆は周囲の騒音など何も耳に入らないかのように、じっとモニターの画面を凝視し続けていた。

深夜一時。マスコミの集まりは当然ながら悪い。荒木浩が「昨夜六時頃、亀戸総本部前の路上で一人の信者が不当に逮捕されました」と書き終えたばかりの原稿を読み上げ始めると同時に、「何だよそんなことでこんな夜中に招集かよ」と、僕の隣で眠そうに目をこすっていた記者がうんざりとした口調でつぶやく。その思いは他のマスコミも同様だったらしく、荒木浩の経緯説明の後、「この件に関しましてご質問は？」と雛壇《ひなだん》に並んだ広末が場内を見渡しても反応は鈍い。記者からの唯一の質問は、「その、映像を記録したというフリーのジャーナリストとは誰ですか？」との質問だった。

「その方の許諾を頂いていないので、まだ名前は申し上げることができません」

一瞬口ごもったあとに、荒木浩はそう答える。

「その方」はこの場にいて、この様子をデジタルカメラで撮り続けている。隣の肥満体の雑誌記者が、一人だけカメラの向きが違う僕に胡散《うさん》臭げにちらりと視線を送る。

すべてが終わり、亀戸総本部を出た時刻は午前二時を過ぎていた。当然電車はもう走っていない。

「安岡さん、近いんだからタクシーで帰れば？」

「森さんは？」

「僕は、タクシーなんかに乗ったら二万近くいっちゃうから、この辺で朝まで時間潰《つぶ》すよ」

「じゃ俺もつきあうよ」

「いや、休めるうちに休んどいたほうがいいよ」

悪いなあと気にしながら、安岡はタクシーで帰った。本来なら現場に来ることなどほとんど必要ないはずのプロデューサーというスタンスで、ここまで現場にかかわってくれる彼には胸の裡《うち》でとりあえずは感謝。このタイプのプロデューサーとは、特に編集作業に入ってからぶつかることが多いが、今はとにかくこの状況で、たった一人でも相談相手がいることが本当にありがたい。

カメラと撮影済みのテープが入ったバッグを両腕に抱え、亀戸駅前の路地を入ったところに見つけたサウナに行く。駅前の公園のベンチで時間を潰すつもりだったが、ロン毛にピアスの連中が何人もうろついていて、万が一からまれてカメラとテープに被害が出たら泣くに泣けないと考えたのだ（考えればバッグは安岡に預ければよかったんだと悔やみつつ、ロッカーに入れるのも不安で、結局サウナには入らず、朝まで休憩室でカメラとバッグを抱えながら仮眠する）。始発で疲れきって家に戻る。点滅をくりかえす留守番電話のスイッチを押せば、城東署の刑事から、至急連絡を頂きたいとのメッセージが吹き込まれていた。

マスコミと同様、一般の日本人にとって、オウム信者の別件・微罪逮捕は今更のできごとだ。カッターナイフを所持していたために銃刀類不法所持。居住していないマンションの敷地内を歩いていたから不法侵入（ピザの宅配はどうなるんだ？）で逮捕。そんな記事は、オウム報道がピークの頃には毎日のように、何の批評も論評もないまま新聞紙面に載っていた。この事態を肯定する気はもちろんない。しかし、特にオウムのような組織犯罪と対峙《たいじ》するときには、おそらくは合法的な捜査からはみだす局面も時には必要なのだろうと、実は僕は内心思っている。「転び公妨」という全共闘世代なら誰もが一度は耳にした言葉が物語るように（かつては文字どおり、警察が勝手に転んで公務執行妨害で逮捕するという手法だった。相手に危害を加える分、今回はより悪質になっている）、警察にとってこの不当逮捕は、伝統的な手法の一つだ。しかし少なくとも今までは、人目につかない薄暗がりでやってきた行為のはずだ。白昼の公道で、それもカメラが至近距離で回っていることを承知で、できることではないはずだ。

……睡眠不足ではっきりしない頭でそこまで考えて愕然《がくぜん》とした。ずっと釈然としなかったこの疑問の答えは簡単だ。拍子抜けするくらいに単純だ。僕は彼らにドキュメンタリーを撮っていると何度も説明したが、彼らはたぶんテレビクルーと認識したのだろう。そして彼らにとって、テレビは警戒すべき存在ではなかったのだ。マスコミは不当逮捕を見逃す存在として認識していたから、彼らは撮られることを意に介さなかったのだ。

徹夜明けの上九一色解体

事件から二日が経過した。上九一色施設の一部解体がこの日行われた。僕と安岡の願いにも似た予測は見事に外れ、山本の釈放は実現していない。しかしもちろん、解体は予定どおり行われるし、荒木浩も立場上、立ち会わないわけにはいかないとのこと。

早朝五時、安岡を新宿で拾って上九一色へ向かう。車中の会話は弾まない。二人とも睡眠不足で疲労困憊《こんぱい》なのだ。途中、高速代はすべて安岡が支払う。助手席で領収書を整理する彼の様子を横目で眺めながら、金銭的にももちろんありがたいが、それ以上にこうしてこの作品で、ささやかではあるがある意味での分業が成り立つことが、内心嬉《うれ》しくて仕方がない。結局人は組織に生きることが心地よい生きものなんだとあっさり自覚する。また道に迷うが、今回は助手席の安岡のナビゲーションで、ぎりぎり遅刻はせずに到着する。

粗末で安易な木造の修行施設を次々と噛《か》み砕く鋼鉄製のユンボの先端は、ファインダーの中では機械というよりも、凶暴な肉食の恐竜が咆哮《ほうこう》しているように見える。遠巻きにする管財人やマスコミが、何がおかしいのかしきりに笑い声をあげている。打ち合わせと移動でやはりほとんど眠っていないと焦燥した表情の荒木浩は、施設から出てくると同時にたちまちマスコミに囲まれた。「最近オウムで大量に購入したという情報があるヘルメットは、やはり間近に迫ったハルマゲドンを想定したものか？」とのワイドショーのレポーターである所太郎《ところたろう》のマイクを突き出しての質問に、「ヘルメットでハルマゲドンを回避できますか？」と荒木浩は大真面目《おおまじめ》で答え、所も「なるほど確かに」と大真面目に頷く。

陽射《ひざ》しは強く、鳥の声がさえずり、ヘリコプターの爆音が近づいては遠ざかる。とりあえず本日の解体を免れた施設の中で、青山総本部で顔見知りになった信者と久しぶりに再会する。倉庫の隅にベニヤで仕切られた彼の二畳ほどの部屋には、二人の新教祖となった長男と次男の写真が早速貼《は》られていた。「お二人には強いパワーを感じます。森さんから見ればただの子供にしか見えないかもしれませんが」と言う彼に、会ったことがあるのか？　と訊《たず》ねれば、ないと答える。「会ったこともないのに、なぜパワーを感じられるのか？」と訊ねれば、つるりとした表情で「この写真からもパワーは出てるんです」と答える。笑うこともちろん可能だ。でも例えばキリスト教徒にとっての十字架や他の仏教徒にとっての仏像も、彼らにとっての意味は、この写真と変わらない。

作業が終わり、マスコミのほとんどが帰った頃、「山本の釈放はまだのようです」と瓦《が》礫《れき》の山を見つめながら荒木浩が言う。しかしビデオ素材の件は諦《あきら》めかけているのか、強いトーンではない。事件直後の真夜中に記者会見を強行したが、結果としては今のところ、この事件を不当逮捕の視点で報じたメディアは一社もない。

「たぶんどこも報道しないと思いますよ」

言い難《づら》そうに言った安岡の言葉に、荒木浩は「私もそう思います」と頷いた。

修行犬と銃剣道

先を歩く荒木浩が、第六サティアンの奥の敷地でふと立ち止まり、こみあげる笑いを懸命にこらえるような表情で振り返った。

「これは修行犬です」

見ると、倉庫の扉に繋《つな》がれた一匹の雑種犬が尻尾《しっぽ》を振っていた。その傍らには黒いビニール袋で包まれたカセットテープデッキが置かれ、麻原のマントラが大音量で響いている。

「犬にも功徳があるということなんですけど」

「いい迷惑ですね」

僕の言葉に、荒木浩は声をあげて笑う。先ほどからこちらの様子を窺《うかが》っていた年配の女性信者が、おずおずと近づいてくる。

「荒木さんに見てもらいたいものがあるんですよ」

「はい、何でしょうか?」

「さっきそこの倉庫で片づけをしていたら、妙なものが出てきて……」

そう言いかけた女性信者は、カメラを持つ僕と安岡の存在が気になるのか、後はもじもじと立ち尽くしている。察した荒木浩が、「この人たちなら大丈夫です」と彼女に言う。

「案内してください」

歩き出した女性信者の後に三人で続きながら、「そんなに無条件に信用しちゃっていいっぽく笑う。

んですか？」と僕が言う。

「そうですね……」言葉を一瞬探してから、荒木浩はいたずらっぽく笑う。

「サリンや死体が出てきたならちょっとまずいですけどね。まあそういうことはないでしょう」

案内された倉庫の、いちばん奥の棚の前で女性信者は立ち止まる。「ほらこれなんですよ」と言いながら棚の一角を指さす。棚の上段には、防水シートに包まれた何本もの棒のようなものが置かれていた。回り続けるカメラを気にする様子はまったくなく、二人は防水シートを無造作に剝《は》がし始める。切っ先の尖《とが》った木刀のようなものが大量に現れる。片端はライフルの台座のような形になっている。「何だこれ？」僕も手を伸ばし、三人でその奇怪な木刀を手にしてみる。ずっしりとした重量感が腕に伝わり「何だかわからないけど、気合いが入ってますね」と荒木浩が不思議そうに言う。

「銃剣道ですね」

カメラを回しながら安岡が言う。三人は同時にカメラを振り返る。

「ジューケンドー？」

「戦争中、広まった武道です。射撃もできるし、接近戦のときには先についている刀で刺す武器なんですよ」

「ああ銃剣か。戦争映画なんかで見るよね」

「その訓練に使うものですね」

「はあ、そうなんですか」と女性信者が感嘆し、「安岡さん博識ですねえ」と荒木浩も感心する。「こんなの今日、警察やマスコミに見つかっていたら、また大変でしたねえ」と女性信者が言い、「森さんたちも一応マスコミですけどね」と荒木浩が苦笑する。

この倉庫のどこかにもテープレコーダーは置かれているらしく、麻原のマントラの声が微かに響いている。会話が途切れ、四人はぼんやりと、足下に積まれた木刀をしばらく眺め続ける。本物ではないにせよ、武器としてもし使えば、それなりの威力を発揮する代物には違いない。

「……いつ、誰がこんなの買ったのかしらねえ」

女性信者が僕の顔を覗《のぞ》き込むようにしながら、重苦しい沈黙を破る。

「本当に、……いったい何考えていたんでしょうね」

珍しく吐き捨てるような口調で、荒木浩が誰にともなくつぶやく。

外に出れば僅《わず》かの間に、幾棟かの施設があった場所は、すっかり瓦礫の山になっていた。その一角で、施設を壊した土の中から何やら武器がでてきたと、警察と残っていたマスコミが大騒ぎを始めていた。ものものしい警備の中、カメラのフラッシュと共に、白い布に包まれた武器が護送車へと運ばれる。「何が出てきたんですか？」と荒木浩が足早に通り過ぎる記者に訊ねれば、「模擬刀です」と笑いながら記者は答える。床の間に飾るための模擬刀。その発見に、警察とマスコミは上を下への大騒ぎだ。発見されたという現場に近づこうとした荒木浩を機動隊が押し止める。

「なぜ私を止めるんですか？　何の根拠があって止めるんですか？　私はこの敷地の居住者の責任者です。見るくらいの権利はあるはずです」

警察に対しての荒木浩の剣幕は明らかにいつもと違う。執拗《しつよう》に問い続ける。しかし横一列に並んだ機動隊は、相手にするなと互いに目配せをしながら、目の前で抗議を続ける荒木浩を黙殺するように、その場に仁王立ちで動かない。

「答えなさいよ。答えることができないんですか？　何の権限があるんですか？」

「治安を維持するために……」

たまりかねてそう言いかけた一人の機動隊員が、隊長らしき人物に「無駄口を叩《たた》くな！」と一喝された。「怒られた怒られた」と荒木浩は小学生のように喜ぶが、機動隊員たちはこれ以降はまったく無表情のまま微動だにしない。根負けした荒木浩は、沈みかけた夕陽を浴びながら、瓦礫の山の上をふらふらと歩き続ける。そんな彼から少し距離をおいて、西陽に顔をしかめながら、僕はカメラを手にいつまでも立ち尽くすだけだ。

城東警察署への手紙

この日の夜、疲れきって帰宅すれば再び城東署から、映像の件で相談したいと留守電にメッセージが入っていた。翌朝名前を残した刑事に電話を入れる。その刑事は留守だったが、電話に出た刑事に伝えてもらおうと名前を告げれば、「もしかしたらオウムの事件の森達也さんですか？」と先方の声のトーンが上がった。

「私も事情は聞いてますので。用件は実は例の映像素材の件なんですが、差し支えなければ見せて頂きたいと思いまして」

「差し支えあります」

「そこを何とかお願いできないでしょうかね」

「任意ですか強制ですか？」

「もちろん任意です」

「じゃあお断りします」

諦めきれない様子の刑事は、また担当から電話をさせますと言って電話を切った。現段階は任意だが、いずれこれが強制となる事態も考えねばならない。釈放の知らせはまだない。それどころかこの日の午後、山本を押し倒した警察官が加療三週間の診断書を提出し、現行犯逮捕の罪状となった公務執行妨害に傷害罪まで加えてきたとの話を、広末から電話で聞いた。

「警察は本気です」

口調はいつものように柔らかいが、広末は何度も同じ言葉をくりかえす。映像を公開さえしてくれれば、という必死の思いが受話器を通して伝わるが、僕は黙って頷くだけだ。

「本気で山本を起訴するつもりです。冤罪《えんざい》を承知で、本気で山本を罪人に仕立てあげようとしています」

不当な逮捕であることをいちばん認識しているのは警察のはずだ。決定的な反証となる映像が存在していることも、現場にいた彼らは充分に知っているはずだ。なのにどうして起訴を諦めないのか？　その構造は僕にはわからないままだ。しかし手をこまねいているだけでは何も進展しない。手紙を書くことを思いつく。

警視庁城東警察署担当刑事殿

私こと、森達也は、オウム真理教広報副部長である荒木浩氏とその他の現役信者たちの日常を追ったドキュメンタリーを制作すべく、平成八年の三月から彼らの撮影を続けているフリーのTVディレクターです。

作品のテーマは、いわゆる既成概念や思い込みをすべて排除したうえでの、今回のオウム騒動とオウム真理教の本質を見極めたいという願いから発生しています。その意味においては、まず自分自身、特定の宗教、宗派に対してもいっさいの偏向、信仰はなく、またオウム真理教、および警察組織の双方に対して、特定の思い入れや偏重はまったく保持していないことを、まずは明言しておきます。

制作の過程において、あらゆる意味において中立たる位置にいるべき自分が、特定の組織・団体に対して、擁護、また同時に批判するスタンスに立たざるを得ないことには忸怩《じくじ》たる思いがありますが、不当な扱いと制裁を一人の市民が今まさに受けようとしている局面において、自分が実際に体験した真実を呈示することで、彼が正当な裁決を受けることができるのなら、見過ごすことはできないという、個人的な義憤と使命感で以下の文面を記します。

八月七日午後五時頃、オウム真理教亀戸総本部における記者会見の取材を終え、山本康晴氏、荒木浩氏、そして広末晃敏氏の三名の信者の移動する後ろ姿を撮影するため、私、および当ドキュメントのプロデューサーである安岡卓治の二名は、上記の三名の方とほとんど同じタイミングで亀戸総本部の正面ゲートから外へと出ました。建物の周囲で警備を担当していた何人かの城東署の方が、それぞれに名前などを訊《たず》ねてきましたが、その言い方がかなり横柄で、警察との対応には馴《な》れているつもりの自分も、かなりむっとしたことを覚えています。やがて数歩先を行く山本氏と、一人の私服の警察の方がかなり強い調子で、名前を言え、言わないの押し問答になり、更に応援に現れた数名の警察の方々が我々の行く手を阻み、それから一時間近くも路上においての言い争いになりました。

この時点において、警察の方からはカメラを回していることへの正式な抗議や制止はいっさいなかったため、私と安岡はカメラを回し続けました。山本氏の行く手を阻む私服の警察の方は肩や腕で山本氏を押すといった行為を何回かくりかえし、更に、山本氏が腕をふりはらうようにして前へ進もうとした際、その私服の警察の方は後を追い、山本氏の首に腕を回し、全員からやや離れたところでいきなり山本氏を路上に押し倒し、その後に、突然膝《ひざ》を抱えて大声で悲鳴をあげました。

山本氏の身体の上に、明らかに故意にのしかかるように倒れ込んだ彼が、膝を含め身体的にはダメージがないはずであることは、至近距離にいた自分には間違いなく視認できました。

その後しばらくのあいだ、山本氏は立ち上がることができず、別の警察の方が、公務執行妨害で逮捕するといった内容のことを、荒木、広末、両氏に宣言し、その後、山本氏は警察車に引きずられるようにして、護送されてゆきました。

以上が、八月七日の夕刻、私が現場にて確認した事件の経緯です。尚《なお》、この状況は二台のビデオカメラにて山本氏が不当に押し倒される瞬間も含めて、克明に記録されています。

事態がこのまま進展し、山本氏が公務執行妨害および傷害罪という明らかな冤罪で裁かれる事態は、真実を知る市民としては寛容しがたく、時と場合によっては、この映像の呈示もやむをえないと考えます。

しかし制作過程の映像を、如何《いか》なる個人・機関に対しても、第三者に露出することは、作品としては生命を奪われるに等しく、本来なら何としても回避したく、自分としては、警察、および検察の方々の良識ある判断として、山本氏の速やかな釈放を切に希望します。

平成八年八月十日

森　達也

超えた一線、超えられぬ一線

城東署への手紙を投函《とうかん》した翌日の夜、荒木浩に請われて、「人権一一〇番」の千代丸健《ちよまるけん》二《じ》と電話で話す。過激な人権活動家として知られ、特にオウムの信者たちにとっては守護神と形容しても大袈裟《おおげさ》でないくらいに頼られている彼に、映像の提出を自分たちに代わって説得させようとの荒木浩の狙《ねら》いは明らかだ。しかし、「千代丸さんが森さんにお話ししたいとおっしゃっているんですが……」とおずおずと切りだした彼の願いを拒絶することはできず、深呼吸を一度してから教えられた電話番号を回す。話し合いは三分で決裂。「山本君の弁護士に大至急映像を提出すべきだ」と一方的に主張するばかりの千代丸と折り合えるはずもなく、最後にはほとんど喧嘩腰《けんかごし》のやりとりとなって、興奮状態で受話器を叩きつけていた。

手紙は届いているはずだが、この件についての返事は城東署から一切ない。もちろん釈放の動きもない。過去には、佐世保にアメリカの空母エンタープライズが寄港したときに、機動隊が学生に暴行を加えた瞬間の映像が偶然撮影され、結局はすべての映像素材を警察が押収してしまったという事例もあった。これまでの映像素材をすべて安岡宅に移す。彼にしても身元は割れているが、僕の家に置いておくよりは多少は安全だろうという判断だ。

更に二日後。拘留期限が切れるぎりぎり直前、僕と安岡は、話し合いの状況を撮影させることを条件に千代丸宅へと向かう。

話し合いとはいうが、実はこの数日間で方針は決めていた。何をどう取り繕おうが、明らかな冤罪なのだ。口を拭《ぬぐ》って見過ごすことはできない。当り前の話だ。彼を有罪にはさせない。そんな事態を傍観することはできない。物事には程度がある。オウムがかつて大量殺戮《さつりく》に手を染めたとはいえ、山本康晴が執行猶予付の有罪判決を過去に受けた人物とはいえ、作品に致命傷を与える可能性があるとはいえ、物事には程度がある。映像の提出だけは回避したいと、こちらとしては城東署への手紙も含めてできる限りの手を打った。その結果がこれだ。作品は守りたい。しかし守るために、この件に関しては明らかに潔白な一人の市民を犠牲にすることなどできない。絶対にできない。

「気持ちはわかるが、くれぐれも感情に走らないように」

荒木浩と広末晃敏の二人も来ているはずの千代丸宅へと向かう西武線の電車の中、集めた判例資料のコピーを手に、疲れきった表情で安岡は言う。

「手続きとしては、弁護側、検察側のそれぞれ双方に映像を呈示しよう。できればまったく同じタイミングで渡したいけど、物理的にそれは無理だ。しかし今の段階なら、弁護側を経過して検察に見せる形になると思うよ」

事態は収束した。五人での話し合いの様子を三脚に据えたカメラで撮影し（提出することとはもう決めていたのだから、話し合いといっても、テープを返却することとコピーをとらないことなどの確認が主だったが）、千代丸宅を辞したその足で僕と安岡は渋谷へ向かい、ハチ公前で待ち合わせた弁護士に、暴行の瞬間の映像をコピーしたビデオテープを渡した。礼を言ってテープを大事そうに鞄《かばん》にしまい込みながら、「そういえば加療三週間の診断書を提出したはずの警官は、昨日も署内を元気に走り回っていたそうですよ」と弁護士は笑い、その翌日には、あっけなく山本は釈放された。

支援者が万歳を叫ぶわけでもないしカメラのフラッシュが光るわけでもない。駐車違反で切符を切られ、その手続きを今終えてきたばかりといった趣きで、城東警察署の正面玄関に姿を現した山本は、出迎えの荒木浩と広末と笑顔で再会した。劇的なものは何もない。カメラを回す僕に向かって首に幾重も包帯を巻きつけた山本は開口一番、「ありがとうございます」と頭を下げ、「たいしたことはしていません」と僕は言葉を濁す。今朝方、それまで居丈高だった検事の態度が、弁護士と共に別室にこもって五分後には、ものの見事に豹変《ひょうへん》したという。警察署から代々木のマンションへと帰る彼らに同行したいと申し出れば、一瞬の逡巡《しゅんじゅん》の後、山本が、「お二人ならいいじゃないか。来て頂こうよ」と、顔を見交わすばかりの荒木浩と広末を促してくれる。

やっと訪問を許された代々木のワンルームマンションで、山本は僕たちに「サットバ・レモン」と名づけられたオウム特製の飲料水を振る舞ってくれる。炭酸を抜いたファンタのレモン味といったこの飲料は今までも何度か飲んでいるが、今日のは少し風味が違うな、と口に含んだ瞬間に思う。コップに半分ほど飲んだ頃、荒木浩が深刻な表情で山本に耳打ちし、「え！」と彼は絶句した。どうやら山本の勘違いで、出家信者以外は飲んではいけないという飲料を僕らに提供したらしい。

「どうしましょうか？」

コップを手に訊ねる僕に山本は、「飲んじゃったものは仕方ないですよ」と笑いながらも内心の動揺は隠せない。「いいよいいよ荒木君、俺《おれ》が間違えたんだから」と不安げな表情の荒木浩に何度もくりかえしては、その合間に僕らに強張《こわば》った笑顔を向け、「安心してください。死ぬことはないですから」と冗談のつもりなのか、同じ言葉を何度もくりかえす。

その後も皆で雑談に興じながら、彼らの僕と安岡に対しての認識が、どうやら確実に一線を超えたことをつくづく感じる。そういえば今回の経緯で、「ドキュメンタリーへの関与としては、自分の中でも一線を超えてしまった気分だよ」と安岡も言っていた。警察の僕への心証も、たぶん今回の経緯で一線を超えた。今後は家の電話の盗聴ぐらいは覚悟しなくてはならないだろう。皆が何らかの形で一線を超えている。ただ一人僕だけが、超えたのかどうか感触に自信がなく、そもそも何を超えればよいのか未《いま》だに明確に摑《つか》めずに、相変わらず湿っぽい溜息《ためいき》をつくばかりだ。

七　深まる焦燥——僕にオウムが見えていると思いますか？

何かがすっぽりと欠落したまなざし

八月十三日。本気で言っているのかと思わずまじまじと顔を見つめてしまったが、退社の手続きをしている最中に近づいてきた制作本部長が、「オウムの映像はこちらにも著作権があるということを忘れないでくれ」と突然言いだした。

「本気で言ってるんですか？　あなたが会社で制作することを拒否したんでしょう」

「君が私の言うとおりにしていたら番組として今頃は放送が終わっていたんだ」

相変わらずの落ちつきのない目線を眺めながら、この男には確実に何かが欠落していると思う。何をどうしたらこんな欠落が為《な》されるのだろう。僕にはわからない。鈍さだけでは説明がつかない。ここまで自分の言動に、一片の揺らぎもなく自信を持てる根拠が、僕にはどうしてもわからない。どこかで見た表情だと思う。施設の盗み撮りをしていた週刊誌の記者が、こんな目つきをしていた。信者を一方的に押し倒して逮捕する警官もこんな表情をしていた。上九一色でハルマゲドンの恐怖について語っていた信者の目にも似ている。何かがすっぽりと欠落している。そしてこの欠落は、コインの裏表のようでもあり、メビウスの帯のようにどこかで繋《つな》がってもいる。

さすがに感情を抑えきれず少々激昂《げっこう》すればあっさりと、「私が言っているのは一日めの映像についてだ」とトーンダウン。一日めの映像なんて、お見合いみたいなもんで使うべきシーンはどこにもない。後生大事にテープを保管すればいいさ。周囲の他の社員たちはこの言い争いを聞いて聞かないふり。制作本部長との出世レースに負けたと噂《うわさ》されるNプロデューサーだけが、机の引き出しの中を整理する僕に「落ちついたら連絡ぐらいくれよ」と小声で囁《ささや》いた。

「それはほとんど恋ですね」

九月三日。撮影からの帰り道、道路の脇《わき》でアブラゼミが一匹、四肢を硬直させながらひっくりかえっていた。例年のことながら夏から秋は苦手だ。家族は一人増える。

深夜帰宅すれば、荒木浩個人ではなくオウム真理教広報部から、最近頻発する警察の強制捜査について、急遽《きゅうきょ》明日記者会見を開くという旨のリリースのFAXが来ていた。変更しづらい予定があったのも事実だが、なぜか今までのように駆けつける気になれず、結果としては黙殺してしまう形となる。

その二日後、渋谷で安岡と待ち合わせる。フルーツパーラーでコーヒーを飲みながら、今後の展望と進め方についてぼそぼそと話し合う。温度計の水銀は久しぶりに三〇度近くまでがり、僕は昨日の記者会見に身体がどうしても反応しなかった言い訳をするが、自分でもその確たる理由がわからずうまく説明できない。同様のFAXを受け取った安岡はやむなく手ぶらで出席して、最後の大物幹部と噂される野田成人《のだなるひと》が包帯姿で現れて、強制捜査の際に負傷したことを訴えたとのこと。

湿っぽい打ち合わせの翌日、再び同じ渋谷駅モアイ像の前で、僕と安岡は荒木浩を待っていた。「あなたの健康と幸せのために」と近づいてきた真光《まひかり》の信者から声をかけられる。思わず反射的に拒絶してしまったが、もしもう一度来たなら手かざし受けてみようかなと思いつく。俺の幸せのためになんか他人に祈ってもらいたくねえや、と宗教嫌いを公言する安岡が隣で不貞腐《ふてくさ》れたようにつぶやいている。ほとんどの通行人に無視されながらも、信者たちには挫《くじ》ける気配はまったくない。五分遅れて現れた荒木浩と三人で、炎天の下、必死に布教活動を続ける彼らを、しばらく惚《ほう》けたように眺め続ける。先ほど僕に声をかけてきた信者が、また近づいてきたと思ったら荒木浩に声をかけていた。

「あなたの幸せのために、お祈りさせて頂けますか？」

荒木浩は微笑《ほほえ》みながら首を横に振る。

「申し訳ありませんが、別の信仰があります」

この日案内された渋谷サティアンは、オウムグッズの販売店も兼ねるマンションの三階の狭いワンルーム。インタビューの約束だったが、質問は決めていない。正確には決めることができなかった。聞きたいことが言葉に昇華しない。ギアが外れたままの感覚だ。いくらふかしても一ミリも前に進まない。排気ガスが頭蓋《ずがい》の中に溜《た》まるばかりだ。

「やっぱり森さんも麻原被告と呼ぶんですね？」

質問が途切れたとき、荒木浩がぽつりと言う。その直前に僕は、「麻原被告に対しての今の思いは？」とか何とか、彼にとってはたぶんさんざん聞き飽きた質問をしていたはずだ。問いを発した瞬間に答えが予想でき、興味を失ってしまう質問だ。どこにも行けない。同じ場所をぐるぐる回るばかりだ。

「他に呼び方ありますか？」

「河野義行《こうのよしゆき》さんは、『麻原さん』って呼んでますよね」

「まだ罪状が確定していないから、ってことらしいですね」

「正論ですね」

「正論です」

「この作品の中で、森が麻原さんと彼を呼ぶことは、ちょっと難しいですね」

カメラのファインダーから目を離して安岡が言う。そりゃそうですよね、と荒木浩は頷《うなず》く。

「尊師と呼ぶのはどうかな？」と僕が言う。「また馬鹿なことを言う」と安岡が顔をしかめる。

「でも考えたらこれは肩書きだよ。組織に所属していない外部の人でも、社長とか理事とかはよく呼ぶじゃないか」

「理屈はわかるけど、しかし尊師はまずいだろう。正論が通用する世の中じゃないから、この作品の意義があるんだからさ」

「わかってるよ。冗談だよ」

荒木浩は僕と安岡のそんなやりとりを、微笑を浮かべながら聞いている。

「一言で言えば、麻原被告はどんな人間ですか？」

いきなりの僕のくりかえしの質問に、安岡があわてて再びカメラを構え直す。直感だ。短い今のやりとりを助走に、これまでとは違う言葉が引き出せるような気がしたのだ。

「……難しいです、あの方を一言で語ることなどできません」

「会話を交わしたことは？」

「何度かあります」

「どんな会話ですか？」

「……会話の内容は宗教的な話です。終わってあの方が立ち去ってから、こういう聞き方をすればよかった、この言葉を使えばよかったっていつも悔やむんですよ。会って話をするたびにそのくりかえしでしたね」

「……それは、ほとんど恋ですね」

「……恋？」

「はい」

「……私は恋愛感情というものは経験がないんです。淡い憧《あこが》れみたいなものは過去にありましたけど。……でもそうかもしれません。似ているのかもしれませんね」

「前から聞きたいと思っていたのだけど」

そこまで言って僕は息を継ぐ。荒木浩は少し小首を傾げて次の言葉を待っている。

「……僕にオウムが見えていると思いますか?」

唐突なこの質問に荒木浩は答えない。カメラを構えながら、安岡がおいおいといった表情で僕の顔を覗《のぞ》き込んでいる。窓の外では道路工事の音が断続的に響いている。信者が一人扉を開けたが、カメラに気づいてあわてて扉を閉めた。

聞いてみたかった。彼は僕をどう認識しているのか? 彼にとって僕は何なのか? 他のカメラの群れとは角度が違う、物好きなメディアのはぐれ者としての認識でしかないのか? それともそれ以上の意味があるのか?……要するに、問う自分自身が誰よりも混乱していた。彼の答えにすがれるものならすがりたいと思ったのだ。沈黙は続く。「自分には彼らが見えていない」と僕は焦燥するが、彼らは最初から、見る行為には限界があるという認識を持っている。そしてその認識はおそらく正しい。視覚が捉《とら》える現象の表層の下、皮一枚がどうにも突破できない。「森には見えていない」という答えが彼の本音だろう。わかっている。信仰と恋は違う。似て非なるものだ。そんなことは僕もわかっている。しかし彼は、似ているかもしれませんねと微笑した。言語の領域に限界があることを自覚しているからこそ、彼は僕に迎合した。「少し違うが、まあいいか」と考えたに違いない。荒木浩は沈黙し続ける。この断絶はこの先日々を重ねても決して埋まらない。たとえどれだけの歳月を撮影に費やしたとしても、本質を捉えることなど永遠にできない。努力や執念とはまったく別の位相だ。「信じる」という行為を「信じない」人間に解析はできない。当り前の話だ。今頃気づいて狼狽《うろた》えるほうがおかしいのだ。

インタビューを終えてから、渋谷図書館に本を返しに行く荒木浩に同行する。返却が遅れたことを理由に逮捕された信者が実際にいるとのこと。これが法治国家日本の現実だ。戦後半世紀の繁栄を経て辿《たど》り着いた民主国家日本の実相だ。しかし今の社会にこの自覚は微塵《みじん》もない。子供が虫や小動物を無邪気に殺せるように、自覚を失った社会は止めどなく加虐的になる。自覚がないから、昏倒《こんとう》した信者を見下ろして大笑いができる。自覚がないから事実を隠し、作り上げた虚構を公正中立だと思い込んで報道することができる。自覚がないから不当な逮捕をくりかえすことができる。自覚がないから、社会正義という巨大な共同幻想を、これほどに強く信じることができる。

図書館への道を歩きながら、ふとした弾みで肩から下げていたカメラを、こともあろうに僕は路上に落としてしまった。グシャリと嫌な音がして、振り返った安岡が悲鳴をあげた。レンズに大きな亀裂が入り、ズームもまったく作動しなくなった。安く購入するために保険にも入っていなかったはずだ。修理には幾らかかるか見当もつかない。二人の唯一の財産を襲ったこの突然の事態に、路上で僕は、しばらく茫然自失《ぼうぜんじしつ》となってしまう。
渋谷の雑踏で、カメラを膝《ひざ》に頭を抱えてうずくまる安岡と、それを不安げに覗き込む僕とオウムの広報副部長荒木浩の三人の構図はかなり人目を引いたが、もちろんそんな画《え》は撮れない。町内会の秋祭りなのか、極彩色の神輿《みこし》と浴衣《ゆかた》や法被《はっぴ》姿の親子連れが、ぞろぞろと脇《わき》を通過しながら、オウムだオウムだと囁《ささや》き合う。

十月七日。ソニーの知人に頼み込み、今回は特例としてカメラを無料で新品に換えてもらったとの連絡を安岡より受ける。交渉に大変だったよとぼやく彼に、「これからは基本的に現場に二人で行けるときにはカメラは任せるよ」と僕は言う。「どうしちゃったんだ？　しおらしい発言だな」と安岡は笑うが、ファインダーを覗きながらのインタビューは、対象にレンズとの対話を強制するわけで無理があることは自明だ。それに何よりも、ラッシュを見ればサブで回していた安岡の映像のほうが安定度は遥《はる》かに高いことは一目瞭《いちもくりょう》然《ぜん》だ。状況に対してメンタルには反応しながらもフィジカルには鉄面皮でいなければならないのがカメラマンの属性なら、少なくとも僕には、カメラマンの素質はない。迷いや混乱がそのままカメラワークに現れている。この後も自らカメラを回し続ければ、ますます視野狭窄《しやきょうさく》が進むばかりだとの危惧《きぐ》もある。

「もしもサリン散布をあのとき命じられていたら？」

十月十二日。退去を目前に控えた富士宮総本部に初めて行く。かつての総本山に、今も残って生活している信者たちは一〇人足らず。この日はたまたまマスコミへの施設公開日と重なって、マスコミ各社と呉越同舟で施設内を案内される。彼らのカメラと安岡のカメラとは、当然だが微妙に角度が違う。しかし今回に限らず、マスコミの誰一人、相変わらず僕らにはほとんど注意をはらわない。君たち何で僕らのほうにレンズを向けるんだい？ともし訊《たず》ねられれば、オウムと社会とをテーマにドキュメンタリーを自主制作しています、と説明するつもりで（自主制作がはっきり識別できるようにと安岡は手製の腕章まで作ってきた）いるが、そんな質問をされたことは一度もない。荒木浩という観光ガイドに引率されるパック旅行の観光客のように、施設内を案内され、視界に入るめぼしいものにはとにかくレンズを向け、幾つかの質問を荒木浩に浴びせて、そして彼らは満足げに、それぞれが帰属する組織へと帰ってゆく。

マスコミが皆帰ってから、話題のコスモクリーナーと名づけられた空気清浄器の前で、オウムが毒ガス攻撃を受けているという主張についての荒木浩の見解を訊ねる。

「私も、米軍の攻撃とかフリーメーソンとか、そんな論旨にはあまりに説得力がないし、被害妄想という要素は確かにあると思っています。ただ、オウムが製造していたガスが洩《も》れたという今の警察やマスコミの見解ですが、実際に第七以外の場所で毒ガスで苦しんだ経験が私にもありますから、あれがいったい何だったのかは未《いま》だに不思議です」

「第七以外というと？」

「京都でも青山でもありました。京都のときは、夜寝ていたらあまりにも苦しくて目が覚めて、それからしばらくはその部屋にいた全員が後遺症で大変でした。……マスコミは自作自演したんだろうと言いますけど、そこまでするかなあというのが正直な感覚です。例えば地下鉄サリンについても、目前に迫った強制捜査の目をくらますために撒《ま》いたという説明がよくされますけど、森さん信じられますか？　本当に関与したかどうかはともかく、少なくともそんな稚拙な理由でこんな大それたことをやるでしょうか？」

「それができたからオウムは怖い、という見解ですよね」

「論理に整合性がないと、だからオウムは怖いで終わってしまう。全部そうですよね。でもそんな発想をくりかえすだけじゃ、いつまでたっても真実は何も見えてこないと思うんですよ」

「宗教」という現世側の欠落は、どうしても埋まらない。埋まらない空白には、稀代《きだい》の詐欺師や殺人マシーンという語彙《ごい》を当てはめ、とにかくそれで納得する。納得したんだと思い込もうとする。でもこの短絡と焦燥の輪廻《りんね》が払拭《ふっしょく》できないのは、こうしてずっとオウムの中に入り込んでいるはずの僕も同様なのだ。

今日の荒木浩はいつになく饒舌《じょうぜつ》だ。一つの質問を僕はずっと抱えていた。いつ、どんな状況で訊ねようかと、ずっと考えていた。その抱えこんでいた質問が、次の瞬間には自然に口から出た。

「もし、荒木さんがあの日、麻原被告にサリンの散布を命じられたら、どう行動したと思いますか？」

一拍置いてから、荒木浩は視線を真直《す》ぐ僕に向ける。

「仮定の話は難しいです」

「確かに仮定です。でも荒唐無稽《こうとうむけい》な仮定じゃない」

「……私はきっと尊師に真意を問いただします」

「麻原被告に接触できる余裕がなかったら？」

荒木浩は宙を仰ぐ。言葉を探し求めて唇が何度か動く。

「……私は、きっと断ると思います」

「尊師の指示を断れるんですか？」

「ええ」

「グルの指示は絶対じゃないんですか？」

「その範囲を逸脱していますから」

「じゃあ、逸脱した指示があったということですか？」

「実際に指示があったならの話ですが」

「もう一度聞きますけど、本当に断りますか？」

「……仮定で語るのは難しいです」

これ以上は無理だ。立て膝の不自由な格好で撮影を続けていた安岡が、短く吐息をつきながら、カメラを足下に置く。

僕は何を期待していたのだろう？　仮に荒木浩が、私も撒くと思います、と答えたなら、どんな真実を僕は獲得できるのだろう。同じことだ。仮に彼がそう答えたところで、やっぱり僕は途方に暮れるだけだ。


外出した信者が戻ってこないという連絡がこのとき入る。信者は、近くまで来た両親に会いにでかけると言い残して外出したが、拉致《らち》されて戻れないとの電話があったとのこと。荒木浩は電話機の前で腕組みをして電話を待ち続ける。その間に僕らは、二階に居住していた家族たちが残していった様々な生活用品を撮る。キティちゃんにミッキーマウスにドラえもん。子供の玩具《おもちゃ》は現世もオウムも変わらない。僕の家とも変わらない。

子供用の水筒が一つ転がっていて、裏を見れば、マハーケイマと書かれている。たぶん石井《いしい》久子《ひさこ》の子供たちが使っていた水筒なのだろう。安岡と二人、早速この水筒にズームするショットを何パターンか撮る。半ば自棄《やけ》になっていた。所詮《しょせん》このレベルだ。やってることはワイドショーと変わらない。

　夜、総本部の隣の付帯施設（メディアビルと彼らは呼称していた）を案内してもらう。かつてプロモーションビデオやアニメーションを制作していたフロアでは、アリフレックスやミッチェルの望遠レンズやカメラ機材が床にごろごろ転がっていて（そのほとんどは廃棄されてしまうとのこと）、撮影機材に詳しい安岡は一人で興奮したり嘆いたりしながらカメラを回している。

　以前居住していた信者の私物なのか、モーツァルトのCDが部屋の隅に転がっていて、手にしたそのジャケットをじっと眺めていた荒木浩は、「森さんだけに打ち明けますが、出家してから私は一度だけ、破戒をしたことがあります」と不意につぶやく。

「誰にも話してないんです。他人に話すのは森さんが初めてです」

　安岡が構えるカメラのレンズにちらりと視線を送ってから、荒木浩は静かに息をつく。僕はカメラの横で、固唾《かたず》をのんで彼の次の言葉を待つ。

「一度、青山時代ですが、図書館に調べものに行ったとき、ブラームスのCDを聴いてしまいました」

「……それだけですか？」

「私たちにしてみれば、あってはならない破戒です」

　そう断言する荒木浩の表情は真剣だ。そういえば大学時代、彼はバイオリンを弾いていたという。そのバイオリンはどうしましたか？　と訊ねたとき、出家のときに売りました。ずいぶん安く買い叩《たた》かれましたよと、未練の気配もなく答えたことを思い出す。

「久しぶりにブラームス聴いてみてどうでした?」

「……何だか、昔と違いましたね。何だこんなもんかという感じでした。それからはもう聴きたいとは思いません」

一通りの撮影が終わった後に、女性信者が紅茶を淹《い》れてくれる(ガスは止められているので電熱器でお湯をわかしていた)。薄暗い厨房《ちゅうぼう》のステンレスの調理台の上に縁が欠けた不揃《ふぞろ》いのカップを並べ、四人でしみじみとお茶を飲む。家族から今日電話があったんです、と女性信者が打ち明けてくれる。

「何ておっしゃってました?」

「早く帰ってこいって」

「何と答えました?」

「帰りませんって」

家族の情はなかなか切れません、とつぶやいた後、でも私は絶対に帰りませんと、彼女は微笑《ほほえ》みながらもう一度きっぱりと言う。

深夜、東京への帰途のついでに荒木浩と彼女を上九一色に送る。ゲートで警備をしていた警官が二人に名前を訊ねる。いつもの儀式だが、その言い方が気に障ったのか、話したくないと彼女が言い出して、小雨模様の第六サティアンの前で、一時間近くの押し問答になる。ゲートのすぐ脇で、カメラを回す安岡に傘を差しかけながら、また始まっちゃったよと小声で囁《ささや》き合う。二人ともこんな状況に少なからずうんざりしていたことは事実だが、かといってこのまま放置して帰るわけにもゆかない。

しかし今回は警官が最後に折れた。「できれば次回からは名前を教えてください」とゲートを開き、施設内に向かう荒木浩と女性信者の後ろ姿を見送った後、その若い巡査は車に近づいてきて、レンズを向ける僕と安岡に、「雨で道が滑るので気をつけて帰ってください」と静かに言った。制帽の庇《ひさし》から雨の滴がしたたり落ちていた。

「ありがとうございます」

二人でほぼ同時に礼を言い、Uターンして上九一色を離れる。警官にもいろんな人がいる。当り前の話だ。その当然さをいつのまにか失念して、警察を無自覚に記号で捉《とら》えていた僕は、オウムを記号や代名詞でしか捉えない今のメディアや社会の風潮と大差ない。あの若い巡査には感謝したい。ライオンにはライオンの、そしてカモシカにはカモシカの大きな特性は確かにあるが、一人ひとりはすべて違う。皆それぞれの事情や家族や過去を背負いながら、必死に毎日を生きている。大事なことだ。誰もが懸命なのだ。誰もが必死なのに、どこかで何かがくい違い、何かが短絡し何かが過剰になって、そして皆傷つけ合っている。

「基本的にセンチだよな。そのウェットさは作り手としては邪魔になるかもしれないけど、まあ、森達也の個性でもあるしな」

助手席で収録したテープを一本ずつチェックしながら、安岡はぶつぶつとつぶやいている。真夜中の中央自動車道は空いていた。東京まではあと三〇分もかからないだろう。

十月十八日。警視庁捜査一課の刑事を名乗る人物から携帯に電話があった。一時間ばかり時間を作ってもらえないか？　との要請で、新橋の喫茶店で会う。先方は二人。「ところでなぜ僕の携帯の番号知っているんですか？」と最初に訊ねる。職質の際にも携帯の番号を教えたことはこれまでない。NTTから情報を入手する以外に、彼らが僕の携帯の番号を知る術《すべ》はない。しかし二人の刑事は、「森さん今さら野暮は言いっこなしですよ」と薄く笑う。野暮じゃなくてこれは非合法な行為でしょうと言いかけるが、思い直して僕も気弱に笑う。

「それで用件はなんでしょう？」

「逃走犯たちのことなんですよ。荒木さんや幹部信者たちから、何か彼らの行方について、手がかりみたいなものを聞いたりしたことはないでしょうかね？」

むろん何もない。「お力になれなくてすみません」と席を立つ。店を出てから、もらった名刺を二枚ともテーブルの上に置いてきてしまったことに気づく。意図したことではないが、たぶん誤解されているだろう。まあいいか。今更警察への心証を気にしても仕方ない。

安岡の自宅の電話にも最近奇妙なノイズが入るとのこと。僕の家から彼の家に移した素材テープの管理について、どこか隠し場所を探したほうがいいのでは、と真剣に討議する。

被害妄想とは思わない。例の不当逮捕の映像素材も含まれているのだ。泥棒を装って家捜しするくらい、公安が本当にやる気になれば実行するだろう。

代々木のアジトで村岡代表代行と話す。「実はこのあいだ、尊師が夢に現れてくれたんです」と彼女は屈託なく言う。教義について語るときの洞察や知性そのままに、まったく変わらぬトーンで彼女はそんなことをさらりと口にする。

「麻原被告は他人の夢の中に入ることができるんですか？」

「ええもちろん。ただ、私の願望がたまたま夢になった可能性ももちろんありますよ。それは否定しません。でも麻原尊師が必要をお感じになれば、私の夢にいらっしゃることなど簡単です」

「それほどの能力があるのなら、拘置所から抜け出すことだって可能なんじゃないですか？」

「もちろんそうでしょう」

「そうしないのはなぜですか？」

「その必要をお感じになっていないからだと思います」

荒木浩は、黙って会話を聞いている。言語の異なる二人が片言の言葉でコミュニケーションをしようとしているのを、とりあえずは大きな齟齬《そご》はないと黙って眺めている通訳といった趣きだ。

十一月二十六日。破防法教団側代理人である弁護団が主催の形で、都内三ヵ所の施設を、本当に危険な要素があるかどうかを確認させるという名目でマスコミに開放する。初めて会った内藤隆《ないとうたかし》弁護士は、「もし差し支えなければ撮影を……」と口ごもりながら申し出る僕に、「構いませんよ」とテレビで記者会見に臨むときと変わらない毅然《きぜん》とした口調で快諾してくれる。

午前中は代々木の施設、そして午後は阿佐ヶ谷の施設を開放した。マスコミは、ロケ車やタクシーで移動するが、開放に立ち会う荒木浩らオウムのメンバーは全員徒歩とJRで移動する。司法記者クラブのみという約束が、またもや日本テレビがワイドショーのクルーを紛れ込ませていたことが発覚して途中退場させられたことが、唯一の波乱らしい波乱で、ともかくも滞りなく一日は終わる。

マスコミがすべて帰った後、阿佐ヶ谷の施設で何人かの信者たちと談笑をしていたら、突然扉が外から激しく叩かれた。その場にいた全員の表情が強張《こわば》る。警備の信者が、監視カメラのモニターのスイッチを入れるが、死角になっているのか人影は映らない。扉を叩く音は少しずつ激しくなる。以前このビルの債権者が頼んだと思われる暴力団が、集団で乱入してきて大暴れしたという話を居住する信者から聞いたばかりで、僕と安岡もカメラを構えながら成りゆきに息をのむ。

荒木浩が意を決して扉を開ければ、たまたま閉め出されてしまった女性信者が一人、半べその表情で立っていた。

暴力団の話にはオチがある。殴り込んだ彼らは居住しているのがオウム真理教の信者たちだと聞かされていなかったらしく、それに気づいてからは突然言葉遣いが穏やかになって、早々に退散したという。

「ヤクザが脅えるんだから私たちもホンモノですよね」

横で話を聞いていた山本康晴が、そう言って一人でいつまでも笑い転げていた。

山手線の電車の中、週刊誌の中吊《なかづ》り広告に「殺人マシン林泰男《はやしやすお》の危険な素顔！」なる文字が躍っている。黙って眺めていた荒木浩が、「林さんには私はいろいろ思い出があるんです」と不意につぶやく。

「まだ出家して間もない頃、母親に会ってもらったことがあるんです。林さんに会えば母親も少しは安心してくれるかなと思ったんです」

「そういう人物なんですか？」

「ええ、とにかく穏やかで常識のある方で、母親も、オウムにはああいう人もいるんだねえと多少は安心してくれたようでした」

「その林さんが今では殺人マシンですね」

荒木浩は答えない。唇を嚙《か》み締めるいつもの表情で、じっと中吊り広告を見つめている。

一橋大学での学生たちとのディスカッション

一橋大学法学部福田《ふくだ》雅章《まさあき》教授の授業に、荒木浩が招かれた。昼は法学部の大教室で一〇〇人くらいの学生との質疑応答があり、夜は福田教授のゼミに参加して、学生たちの質問に答える形で討論会を行う。

「オウムは本当にサリンを撒《ま》いたのか？」

「もし破防法が適用されても信仰は続けるつもりなのか？」

「サリンを撒いた正確な理由は何なのか？」

「殺人をも肯定するというタントラ・ヴァジラヤーナとはどんな教義なのか？」

「生きてることは幸せだと思ってはいけないのか？」

「自分が洗脳されているという実感はあるのか？」

「欲望を捨てたいと願う心は欲望にはならないのか？」

「麻原彰晃はなぜ子供をつくったり好きなものを食べたりできるのか？」

「いつになれば教団として、社会に詫《わ》びることができるのか？」

「信者たちは自分の言葉でものを考えることがあるのか？」

質問は多岐にわたり、荒木浩もその一つひとつに懸命に答えるのだが、問いと答えとは常に微妙に嚙み合わない。なるほどそういうことかと学生たちが頷《うなず》く瞬間は最後まで一度も訪れない。教室内に少しずつ重苦しい沈黙が澱《おり》のように沈殿する。学生たちの困惑は、言うまでもなく僕自身が抱え続ける困惑でもある。
授業が終わってから一人の学生が、「マスコミが伝えることは本当に事実なのか?」とカメラのスイッチを切った僕に訊《たず》ねてきた。「事実ではない」と僕は答える。学生は、我が意を得たりと言った表情で頷きながら、「やっぱりマスコミってどうしようもないですね?」と同意を求める。結論としては正しい。しかし過程の認識に多少のギャップがある。僕はカメラを肩から下ろす。黙ってやりとりを聞いていた数人の学生が身をのりだしてくる。

事実と報道が乖離《かいり》するのは必然なのだ。今日のこの撮影だって、もし作品になったとしたら、事実とは違うと感じる人はたぶん何人も出てくる。表現とは本質的にそういうものだ。絶対的な客観性など存在しないのだから、人それぞれの嗜好《しこう》や感受性が異なるように、事実も様々だ。その場にいる人間の数だけ事実が存在する。ただ少なくとも、表現に依拠する人間としては、自分が感知した事実には誠実でありたいと思う。事実が真実に昇華するのはたぶんそんな瞬間だ。今のメディアにもし責められるべき点があるのだとしたら、視聴率や購買部数が体現する営利追求組織としての思惑と、社会の公器であるという曖昧《あいまい》で表層的な公共性の双方におもねって、取材者一人ひとりが自分が感知した事実を、安易に削除したり歪曲《わいきょく》する作業に埋没していることに、すっかり鈍感に、無自覚になってしまっていることだと思う。一人ひとりが異なるはずの感性を携えているのに、最終的な表現が常に横並びになってしまうのは、そんな内外のバイアスに、マニュアルどおりの同じ反応しかしないからだ。

頷きながら聞いていた男子学生が身をのりだしてくる。

「でも、もし森さんの言う形でメディアすべてが機能したら、現象に対しての社会としての認識はばらばらになりますね」

傍らにいた女子学生が、僕に代わってその質問に答える。

「私はそれでいいと思うよ。情報を受ける側はその無秩序な情報から選択できるのだから」

「全員が同じ情報で同じ思考に陥るよりはましかもな」

「でもさ、けっこうやばい状況かもしれないぜ、それ」

「欧米では、メディアリテラシーの意識は確かに日本よりは数段進んでるわよ。メディアの状況は同じようなものだけど」

「何かさあ、自分の言葉でものを考えられないメディアの構造って、オウムの構造に似ているよな」

「メディアだけじゃなくて、社会全般じゃない？　本質的には変わらないわよ」

「でも社会は人は殺してないぜ」

「いや、見方を変えれば同じだよ」

「私もそう思う。エイズに発症することを知ってて血友病の薬剤を認可していた厚生省と、地下鉄にサリンを撒いたオウムの信者たちと、その意識構造に本質的な差違はないと思う」

「極端すぎるぜ、それは」

「いや確かに本質は近いよ」

「観念的には近いよ。でも現実に実践するかどうかの差は絶対にでかいぜ」

「ポテンシャルは変わらないよ。つまり危険性って意味では同質なんだよ」

教室の出口に立ち尽くしたままの荒木浩は、思い詰めたような表情で学生たちの討論を聞いている。いや正確には、僕には聞いているように見える。何かを思いめぐらせているかのように見える。学生たちの熱っぽい討議のカットに、今のこの荒木浩の表情のカットをつなげば、「何事かを思い悩みながら学生たちの話に聞き入る荒木浩」というモンタージュができあがる。しかし今、その作為に僕は自信がない。自分が感知する事実を信じることができない。

帰途、国立の駅のホームで上りの電車を待っていた僕と荒木浩に、水商売風の中年の女性が突然話しかけてくる。

「あなたがたはいいと思ってやってるんでしょう。だけどね、殺さないでくださいよ」

酔っているのか、無言のままの僕と荒木浩に、中年女性は執拗《しつよう》に同じ言葉をくりかえす。

「殺さないでくださいよ。殺される痛みを知りなさいよ。殺さないでくださいよ」

八　諦観――成就しないドキュメンタリー

社会に蔓延《まんえん》するルサンチマン

十二月二日。逃走中の特別指名手配犯林泰男が沖縄で逮捕された。捜査員に両脇《りょうわき》をガードされながら歩く林の、ウィンドブレーカーで覆われた表情と印を結ぶ指先の映像が、いつまでも脳裏から消えないのはなぜだろう？「林の逮捕により、オウムの犯した事件の闇《やみ》は、かなりのところまで解明されるのではないかと期待されます」とレポーターが興奮ぎみに喋《しゃべ》り続けている。

……僕はテレビを見ている。二年近く前にもテレビを見ていた。何も変わらなかったし、たぶんこれからも変わらない。公判は進み、特別指名手配犯も次々と逮捕されるが、闇の濃度は変わらない。これまでに撮影したテープは一〇〇時間を優に超えるが、自信をもって断言できることは、相変わらず何一つない。オウムは屹立《きつりつ》している。誰も寄せつけない。今までも、そしてこれからもそれは変わらない。

出所した元幹部信者、都沢和子《みやこざわかずこ》の脱洗脳宣言を日本テレビが独占中継。心持ちふっくらとした彼女が、洗脳が解けましたとにこやかに語ることの意味は何だろう？　解けた洗脳はどこへ消えたのだろう？「いやあ洗脳が解けると顔つきもずいぶん変わりますねえ」と誰かがテレビの中で言う。「洗脳を解くために一ヵ月個室にこもりました」と誰かが補足する。「大変な努力をされたんですねえ」と誰かが感嘆する。「それだけ強固な洗脳だったということですね」と誰かが解説する。

いろんな人の解けた洗脳は日本の上空三〇メートルに漂い続ける。その濃度は今やきっと二酸化炭素を遥《はる》かに凌《しの》ぐ。「毎日麻原の犯した過ちについて考え続けたそうです」と誰かが言う。「大切なのは勇気をもって自分自身と向かい合うということですね」と誰かが微笑《ほほえ》む。「それにしても、やっぱり未《いま》だにわからないなあ」と誰かが眉間《みけん》に皺《しわ》を寄せる。

洗脳が解ければその下にもきっと洗脳は現れる。何度も何度も現れる。麻原尊師の素晴らしさは表現できないと残された信者たちは言う。松本智津夫は俗物詐欺師だと僕らは言う。きっとどちらも真実なのだ。真実は一つしかないと、いつから僕たちは思い込むようになったのだろう。

大切なことは洗脳されないことではなく、洗脳されながらどれだけ自分の言葉で考え続けられるかだ。信者たちの思考停止はある意味で事実だ。そして社会の思考停止も同様だ。鏡面を挟んだように、この二つは見事な相似形を描いている。

なぜ地下鉄サリン事件は起きたのか？　ずっと抱き続けてきたこの疑問に対しての答えを、僕は今何となく思い描くことができる。混雑する地下鉄車両の中で、幹部信者たちがビニール袋に傘の先端を突き刺した行為の背景を、今はおぼろげに推察することができる。情愛を執着として捨象することを説く教義に従い、他者への情感と営みへの想像力を幹部信者たちは停止させた。その意識のメカニズムに組織に従属するメカニズムが交錯し、幾つかの偶然に偶然が最悪の形で重なり、その帰結として事件は起きた。しかし情感の否定はオウムの教義にだけ突出した概念ではない。すべての宗教にこの素地はある。その意味では非常に宗教的な空白がこの事件の根幹にある。同時に「組織への従属」という、特に日本においては実に普遍的なメンタリティも同量にある。

そして被害を受けた日本社会は、事件以降まるでオウムへの報復のように他者への想像力を停止させ、その帰結として生じた空白に憎悪を充塡《じゅうてん》し続けている。憎悪という感情に凝縮されたルサンチマンを全面的に解放し、被害者や遺族の悲嘆を大義名分に、テレビというお茶の間の祭壇に、加害者という生け贄《にえ》を日々供え続けている。

狭間《はざま》に立った僕は、どちらの側にも一歩も動けず、いつまでも途方に暮れている。

「麻原彰晃に人権なんてないんだから」

十二月七日。大東文化大学。福田教授はここでも自分の授業に荒木浩を呼んでいる。一橋大学と同じ状況なら撮る必要はないかと考えたが、相談があるからどうしても来て欲しいと福田教授から前夜連絡があった。到着したのは約束の時刻に一時間早い午前十一時半。

教壇の上で講義中だった福田教授は、扉の外でうろうろしていた僕に気づくなり、学生たちにちょっと待っててくれと言い残して駆け寄ってくる、用件は、例の不当逮捕の瞬間の映像を、権力側の蛮行の証明として、一橋大学と大東文化大学の双方のゼミの生徒たちに見せたいとのこと。婉曲《えんきょく》に断るが、福田教授は引き下がらない。

「私にはわからないよ、森さん、だってあなたが撮ったものは真実じゃないですか。なぜ真実を見せることにそんなにためらう必要があるのですか？　私にはわからないよ。オウムの肩を持ってくれと頼んでるわけじゃないんだ。真実を呈示してくれと言ってるだけなんだ。私の生徒たちの授業は今期はもう後二回しかない。彼らに真実を伝えないままに卒業させたくないんだ。権力の真実の姿を、私は彼らに知って欲しいんだ」

一気にまくしたてて多少は落ちついたのか、とにかくこの続きは後で話しましょうと福田教授は一旦《いったん》授業に戻る。次の授業を待つ法学部の学生が数人連れ立ってやって来た。カメラを膝《ひざ》に廊下のベンチに腰掛ける僕の隣に座り、小声でぼそぼそと囁《ささや》き合っている。

「荒木が来ているんだろ、この授業？」

「荒木って？」

「オウムの荒木だよ」

「福田さんらしいよな」

「麻原彰晃に人権なんてないんだからさ」

「人権あるでしょう？」

「ねえよ」

「あなた本気で言ってるの？　法学部の学生とは思えないわよ」

「だって麻原だぜ。例外だろあいつは」

「例外がないから人権なんでしょう？」

顔を真っ赤にして女子学生は声のトーンを上げた。男子学生たちは、白けるなあといった表情で答えない。僕は立ち上がってトイレに行った。別に尿意はなかった。タバコを一本吸っていたらチャイムが鳴った。

「チャーシュー食べていいんですか？」

授業を終えた荒木浩、福田教授、そして聴講生の美香さんと、大学のすぐ側の福田教授が行きつけのラーメン屋で昼食をとる。不当逮捕の映像については、作品化してからということでとりあえずは納得してもらう。「遠慮なんかしないでどんどんトッピングを頼みなさい」と福田教授に何度も言われ、荒木浩が最初に決めた醬油ラーメンは、最終的には味噌バターコーンラーメンになっていた。

僕と荒木浩、そして美香さんの三人の共通点が、小学校時代に二回以上の転校の経験があったということで話は盛り上がる。「やっぱりね、うん、何か三人には共通点があると思っていたら、そんな精神形成期があったんだね」となぜか福田教授は嬉《うれ》しそうだ。

「この作品を発表するとき、福田さんに迷惑がかかる可能性があります」

卓上に並んだそれぞれのラーメンにカメラを向けながらそう言えば、福田教授は「何も怖くない。大丈夫です。どんどん撮ってください」と即座に答える。破防法がもし適用されたら、僕はもちろん、こうして権力を批判し続ける福田教授にもどんな類が及ぶかわからない。破防法適用が確定すれば、誰をどんな容疑でどこまで取り締まるかは、権力側の恣意《しい》しだいなのだ。しかし今の社会の論調ならそれ以前に、こうして荒木浩を囲む授業の様子がもしも写真週刊誌にでも載ったならそれだけで、非国民と糾弾されて大問題となって教授の地位を追われても不思議ではない。

「きちんと手続きは学部に通してますから」

そんな危惧《きぐ》を僕が口にすると、福田教授はまったく意に介さないといった調子で答えながら餃子を頰張《ほおば》る。

「よく学部が許可しましたね」

「教材として彼を使うと申請したんですよ」

教材と言われた荒木浩が、ラーメンをすする手を休めて微《かす》かに苦笑する。

「私の研究にとっては理想的な教材ですよ」

そうつぶやいてから、荒木浩と美香さんに、福田教授はせっかちに「もっとどんどん食べなさい」と餃子を勧める。

「森さんももう撮影はそのへんでいいでしょう。早く食べないとのびちゃうよ」

コーンの一粒まで、もちろんスープも一滴残さず、そしてチャーシューの一片までも荒木浩はたいらげた。「チャーシュー食べていいんですか？」と聞こうかなと思った。でもやめた。「あなた信者のくせにチャーシュー食べていいんですか？」「あなた殺生はしないってサリン撒《ま》いたじゃないですか？」眉《まゆ》をつりあげる自分が一瞬俯瞰《ふかん》した。

業者との癒着で厚生省を追われた高級官僚に、ボーナスを渡すことだけは何としても阻止せねばならないと社会面に大きく掲載することの吐き気を催すほどの正義感の発露。家族を晒《さら》し者にし、ボーナスをとりあげることが絶対の社会正義のこの国で、公判で不規則発言をくりかえす麻原の精神鑑定の必要性を誰も言いだすことができないこの国で、醤油で煮込まれた豚の肉を彼が残すべきことを、いったい誰が主張できるんだ？

僕はカメラを手に記録する。でも手元にカメラがないのなら、そう言って歯を剝《む》きだすやつらの横っ面を張り飛ばすくらいはいつでもできるぞ。その程度の覚悟ならある。福田教授の雄々しさには及びもつかないが、でもその程度ならいつでもできるぞ。

「破防法で教授の地位を追われるのなら、ある意味で本望ですよ」

食べ終えた福田教授が、額の汗をハンカチで拭《ぬぐ》いながらしみじみと言う。

「もし適用されたら、森さんのこの作品はどうなっちゃうんですか？」

美香さんが三人の顔を見比べながら訊ねる。「上映はきっと不可能ですよね？」一瞬誰も答えることができず、「その可能性はもちろん高い。でも、予想ができないことがこの法律のいちばん怖いところです」じっとテーブルの上の一点を見つめながら、福田教授が低くつぶやく。

「そんなものは法律じゃない」

その後、代々木に荒木浩と二人で戻り、例の都沢和子の脱洗脳宣言のVTRを、山本康晴と広報の女性信者の三人でもう一度見る。「やっぱり以前とは雰囲気が違いすぎる。どこか様子が不自然だよね」と二人は同様の感想を口々に洩《も》らす。「洗脳が解けたんだから以前と雰囲気が違うのはある意味で当り前でしょう?」と言えば、「逆洗脳という可能性もありますよ」と山本が真顔で言う。

「それじゃあ、きりがないでしょう?」

「この、洗脳を解いたというカウンセラーのアメリカの出身大学の裏を知っていますか?」

「さあ、何ですか?」

カメラを構えながら首をひねる僕に、「フリーメーソンの大学なんですよ」と山本は芝居がかった囁き声で言ってから、こらえきれなくなったように自分で噴きだして、それをカメラの前で言っちゃおしまいだよと全員で大笑い。

麻原への接見願い

十二月二十六日。破防法最終弁明。審査委員会が規定した教団側の代理人は弁護士も含めて三人までということで、村岡代表代行は傍聴のため中に入ったが、弁明会場に入れない荒木浩と僕は、霞ヶ関で待ち合わせ、裁判所の周囲をしばらく彷徨《ほうこう》する。

右翼は、速やかな破防法の適用と邪悪なオウムの根絶とを拡声器で音量いっぱいに訴え、通りを挟んだ一角では、破防法阻止派の左翼陣営がハンストのピケを張っている。そんな様子を二人で歩道の反対側から眺めていたら、何か楽しいことを思い出したかのように、荒木浩の口元がほころんでいる。

「中核だったか革マルだったか忘れましたけど、このあいだたまたまチラシを見たら、『破防法反対！』と『オウムせん滅！』というスローガンが、同じ大きさで二行並んで書かれてました」

世論調査では国民の八割が破防法適用に賛成とのこと。特に若年層にその傾向が強いと昨夜のニューステーションで、佐高信《さたかまこと》が本気で溜息《ためいき》をついていた。

「嘆かわしいです。本当に嘆かわしい事態です。日本はどうしちゃったんでしょうか。日本はもう本当に駄目ですねえ」

阻止派のテントの中でハンスト中の女子大生たちが、信号待ちをしていた僕と荒木浩にお茶を持ってくる。人権擁護団体のメンバーが、街宣車から降りてきて荒木浩に握手を求める。右翼の絶叫がきれぎれに聞こえる。荒木浩に気づいた通行人が、バカ野郎死んじまえ！　と遠巻きに僕たちに叫ぶ。いろんな人たちがいろんな立場と見識で、懸命にオウムを見つめている。そんな状況の中でカメラを回すだけの僕は、つくづく何の主義主張もない中途半端な存在だ。

夕刻、弁明を終えた村岡代表代行らと合流する。集まりだしたマスコミから記者会見を開いたらどうかと提案され、司法記者クラブで開くことに急遽《きゅうきょ》決まり一行は法務省に向かうが、同行しようとした僕だけが、守衛に「入れるのは司法記者クラブ加盟社だけです」と同行を拒絶される。「この記者会見は記者クラブ主催ではなく、私たちが場所を借りるだけです」と荒木浩が擁護してくれるが、守衛の態度は変わらない。当初、入室はおそらく大丈夫と言っていたTBSの幹事記者が駆けつけてきて、あまり事を荒立てないで欲しいと婉曲《えんきょく》に表現され、僕はやむなく引き下がる。

数名の司法記者に囲まれた荒木浩は、検問の手前でカメラを回す僕を何度も振り向きながら少しずつ遠ざかる。黒塗りの社用車で乗りつけてきた大新聞の髭面《ひげづら》のカメラマンと背広姿の記者が、さっそうと僕の目の前を横切ってその後を小走りに続く。

一九九七年一月五日。撮影に充てるつもりで、年末年始のスケジュールはすべて空けて、どこへも出かけず自宅で待機していた。しかし結局十二月二十八日を最後に、荒木浩からの連絡は途絶え、正月を迎えた信者たちの生活を撮影することは断念する結果となる。もちろん彼らの生活が正月だからといって変化するわけではない。しかしこの時期の撮影は、信者たちの家族への思いを、何らかの形で触発できるのでは、という予感があったのだ。

年が明けて五日後の今日、やっと荒木浩から自宅に連絡があった。


一月六日。早朝五時半に家を出て、年末年始を僕と同様に自宅で待機状態で過ごした安岡と新宿で合流。談合坂を過ぎた辺りで、昨夜からの大雪で中央自動車道が通行禁止になっていることを知る。山梨県に入って都留《つる》インターチェンジで国道に降りるが、雪道の装備はまったくしていないうえにタイヤの溝がほとんど消えかけているテラノのハンドルを必死で握りしめ(途中、整備屋を見つけるが、チェーンはいちばん安いのでも一万円以上して、さんざん悩んだ末に安岡はこのまま行こうと決断する)、降りしきる雪の中、スタックやスリップをくりかえしながら、富士宮総本部に着いたのは、予定の時刻を二時間過ぎた十二時半。しかし幸いにも、荒木浩を乗せたオウムの信者が運転する軽自動車も同じように遅れ、撮影そのものには支障はなし。

富士宮市周辺には大雪の影響はほとんどなく、青空に富士山の稜線《りょうせん》がくっきりと浮かびあがっている。富士宮総本部の敷地の片隅には、紅白の布に飾られた仮設テントが設営されており、中では自治体の職員や施設の取り壊し作業を受注したゼネコンの社員たちが中心となって神事が行われていた。近づけばちょうど神主の祝詞《のりと》が終わったところで、「オウムが国家神道に屈した瞬間ですね」と言えば、荒木浩は微かに笑う。

めざとく荒木浩を見つけたマスコミが大あわてで走り寄ってくる。「こうして住居を失う信者たちが、追いつめられて第二の地下鉄サリン事件に匹敵するようなテロ行為を行う危険性はないのか？」と彼らはしきりに同じ質問をくりかえすが、訊ねられた荒木浩は当惑しながら、「危険性はないと言っても満足してくれないでしょう」とアイロニカルな答えをくりかえすばかり。「質問というのは、答えを聞きたいからするものですよね。皆さんの質問が、本当に答えを求めているとは私には思えないんです」

取り壊しが始まると同時に、施設から飛びだしてきた猫が、報道陣や作業員の足下に必死に擦り寄ってくる。かなり痩《や》せ細ってはいるが、三カ月前に来たときに厨房《ちゅうぼう》に住みついていた猫だと安岡が気づく。荒木浩は近づいてきた猫を懐かしそうに膝《ひざ》の上に乗せ、「尊師のご家族にも、前世は動物界にいた人がいらっしゃるんです」と話し始める。ついさっきまでは、破防法の見通しとメディアのありかたについて、きわめてシニカルに分析していた彼は、生まれ変わりと前世についてもまったく変わらないテンションで、こうして淡々と語ることができる。そしてこの情緒と論理の混在は、程度の差こそあれほとんどの信者についてあてはまる。

彼らにしてみれば、「信じる」という一点では同じ位相なのだ。「信じない」人間は川の彼岸から眺めるだけだ。

渡辺脩弁護団団長に、僕は「麻原に接見したい」と手紙を書いた。可能性は低いが、もし実現できれば、今のこの煮つまった状況の突破口になるのでは、と考えたのだ。しかし結局返事はこない。「まあ当り前だよ」と手紙のコピーを読んだ安岡が言う。

「それにだいたいこの文章は変だよ。年配の人に書くのなら、もっときちんとした文章じゃないと駄目だろうな」

その無遠慮な言い方に腹がたち、押し黙っている僕に、「傍聴に行くという手もあるけどなあ」と安岡は機嫌をとりなすように言う。しかし傍聴に行くべきかどうかという話は以前からしていたが、なぜか二人とも身体は反応しない。最近の麻原の法廷での言動を新聞やテレビで知って、とにかく法廷で麻原を見ても無意味だろうという予感が僕にはあった。たぶん安岡も同じだろう。思い込みかもしれないと感じつつも、相変わらず身体は反応しない。二人ともジャーナリストとしては資質に欠ける。

「このあいだ、尊師の裁判の傍聴に行ってきました」

「不規則発言が報道されているけど？」

「ええ、してました」

「どう解釈しますか？」

「法廷での尊師の最近の言動には、少し首をひねる部分は確かにあります」

「傍聴した他の信者たちは何と言ってますか？」

「直接には聞いてませんが、たぶんみんな私と同じような感覚だと思います」

「傍聴する弟子に対しての何らかのメッセージだって言うジャーナリストがいましたけど」

「それはないですね」

「最終解脱者ってことは、たぶん発狂なんてしないはずですよね？」

「……ええ」

「じゃあ、荒木さんは、今の麻原の様子をどう捉《とら》えるんですか？」

「屁理屈《へりくつ》に聞こえるかもしれませんけど……」

荒木浩は宙を仰ぐ。カメラの音だけが室内に響く。

「アインシュタインが仮に人格破綻者《はたんしゃ》だったとしても、彼の発見した真理の価値は変わりませんよね」

「アインシュタインはね。でも、科学者と宗教者は違うでしょ？」

「真理という一点では変わりません」

微妙な揺らぎが荒木浩の内部で発生している。しかしそんな自分の裡《うち》なる部分の動揺を押さえ込むように、荒木浩は深々と息をつき、自らに言い聞かせるかのようにもう一度言った。

「……真理は、私は絶対に変わらないものだと思います。そして私は、ここで真理に出会ったという、確かな感覚を持っています」

実現した記者クラブ内での撮影

一月二十九日。破防法の棄却が正式に確定した。荒木浩からの電話は、司法記者クラブで記者会見を開くとのこと。わかりましたとは答えたものの、当然ながら記者クラブに所属していないフリーの身では、以前のように拒絶される可能性は高い。荒木浩もそれはよく承知しているが、記者会見を開けるような適当な広い空間がなくなってしまった現状となっては、彼としては選択肢が他にないことも事実なのだ。

とにかくやるだけはやってみようと、幹事局であるTBSの司法記者に連絡をとる。二度めの交渉のためか、思いの外スムーズな対応をしてくれて、カメラ撮りは無理だろうけど、入ることはおそらく問題なしとの回答をもらう。肝心の撮影ができなければほとんど意味はないが、とにかく安岡と霞ヶ関で待ち合わせて、半ばやけくその気分もあって、堂々と手持ちのカメラを回しながら、法務省の正面玄関を入る。

受付や警備員が呆気《あっけ》にとられたように眺める横を通り過ぎるが、エレベータの脇《わき》で追いかけてきた警備員に「何をしているのか?」と、カメラのレンズを手で遮られる。

「自主制作でドキュメンタリーを撮っています。今日の記者会見は絶対に必要な素材なんです」

言っても無駄だろうと思いつつ、とりあえずは懇願してみれば、警備員は意外にも仕方ねえなあといった表情で踵《きびす》を返すと、そのまま行ってしまう。

「……TBSは撮るなって言ったんだっけ？」

遠ざかる警備員の後ろ姿を目を丸くして眺めながら、安岡が言う。

「撮るなじゃないよ。撮ってもきっと制止されますよ、だよ」

「じゃあ、今ので、OKってことだな」

「もちろん」

というわけで、記者クラブ内に設置された記者会見場では、村岡代表代行と荒木浩が着席する雛壇《ひなだん》の横に三脚を立てて、思う存分カメラを回すことができた。

会見が終わり、出口へと向かう僕らの背後で、「おい、ちょっと待て！」と罵声《ばせい》が響く。振り返ればネクタイ姿の某大新聞社の若い記者が、血相を変えて追いかけてきた。

「あんたがた記者クラブの人間じゃないだろう！　一体誰の許可をもらって会見を撮影していたんだ」

記者クラブが存在することの是非を措《お》けば、怒る彼にとりあえずの理はある。ルールに違反したことは確かなのだ。しかし既得権益を守るための行為を、ここまで絶対的な正義のように臆面《おくめん》もなく主張されて、僕と安岡は反駁《はんばく》以前にすっかり圧倒されてしまう。

「わかったのか。どこの誰だか知らないが、今日あそこで撮影した映像は絶対使うなよ」と凄《すご》む彼に、「いやあ申し訳ありませんねえ」と安岡は詫《わ》びるが、心得たもので「はい、わかりました」とは絶対に口にはしない。言葉にしない以上は承諾にはならない。

「……確かに規則なんだから、彼の言い分に一分の理はあるけどな」

詫びの言葉にとりあえずは満足したらしい記者が、早足で記者クラブに戻る後ろ姿を眺めながら僕が言うと、

「知ることよりも、知らせないことのほうが大事なんだろうな」

記者に摑《つか》まれたレンズの曇りを気にしながら安岡がつぶやく。

九　共有できるものは何だ？

情愛を遮断する信者たち

最近、荒木浩は普通運転免許を取得するため、教習所通いを始めている。

「そのうち写真週刊誌がスクープするでしょうね」と言うと、「いくら何でも教習所通いくらいでスクープにはならないでしょう」と荒木浩は笑う。しかしその翌週、教官の隣でハンドルを握る荒木浩の粒子の粗い写真が、写真週刊誌に大きく掲載された。

「誰が読むんでしょうね。こんな記事？」

広報部の女性信者が買ってきた写真週刊誌を手に、荒木浩は不思議そうにつぶやく。

「誰だって読むよ。あなたは有名人なんだから」

山本康晴がまぜっかえす。

「確かに有名人かもしれませんが、私が運転免許をとることに情報としての価値があるのでしょうか？」

「それを言ったらおしまいだよってことだよ。ねえ森さん」

いきなり振られて、僕はカメラの横で曖昧《あいまい》に笑うだけだ。「最近、反応や質問が冴《さ》えないなあ。横にいてもスランプだってのがよくわかるよ」と、この日も代々木に来る途中、安岡に指摘されたばかりだった。

写真週刊誌の記事には、荒木浩の談話が掲載されていた。取材されたんですか？　と訊《たず》ねれば、そういえば一回電話がかかってきました、と答える。

「記事は話した内容そのままですか？」

「……まあ、ましなほうですね。ほとんど捏造《ねつぞう》はないですよ。一点以外は」

「一点というと？」

「私のインタビューが活字になるとき、必ず一人称は『僕』になるんですよ。私は少なくともマスコミの人の前で『僕』って発音したことは一度もないんですけどね」

「そういえば昔、『僕って何』って小説が話題になったけど、アイデンティティを見失った主人公の話でしたね」

僕の言葉に、荒木浩はどう答えたらよいのかといった表情で小首を傾げている。隣では安岡がファインダーを覗《のぞ》きながら渋い表情だ。

「……昨日もこの記事を読んで母親が電話してきたんですよ」

数秒の沈黙があってから、荒木浩が小声で言う。

「最近はよく電話が来るんですか？」

「ええ。別にたいした用事はないんですけどね。ここのところよく来ます。母親ってのは何の意味もないことでも話したいものなんですね」

「聞いてあげてるんですか？」

「……そうですね」

情愛を遮断することを最も重要な教義とする彼らは、家族や恋人の話にはまったく興味を示さない。多分に建て前もあるとは思うが、とにかくこの話題で信者たちと話が盛り上がった記憶は僕にはない。そしてそれは、荒木浩ももちろん同様だ。

撮影初期の頃、家族について訊ねたとき、荒木浩は答えたくないといった表情で言葉を濁した。電話はたまに来ることは認めたうえで、「特に話もないですし、忙しいときには居留守を使います。話せば向こうは一層とりみだすだけですから」そう語る荒木浩の表情には、うっすらとだが嫌悪があったと思う。オウムの信者たちが外の世界について語るとき、共通に浮かべる表情だ。こちらの質問に答える形ではなく、彼の口から自発的に家族についての話題が出ることなど、以前なら考えられないことだった。

……少なくとも遠く離れている肉親への思いに限っては、彼の内面で少しずつ変化が起きている。これが何かの兆しなのか、それとも何かの余韻なのか、あるいは単なる気まぐれなのか、今のところはわからないが。


「謝れば、ここにはいられなくなります」

一月三十一日。代々木。今月いっぱいで引越しということで室内はすっかり荷造り状態。

破防法棄却決定の日は、記者クラブで会見を終えた足でそのまま福島へと向かい、アーチャリーが集まってきた信者たちにカレーをふるまって皆で一泊したとのこと。

「僕らの場合はビールで乾杯だけどね」

「私たちはカレーパーティーでした」

とにかく彼らはカレーが好きだ。亀戸でも（例の不当逮捕事件の直前）警備の若いスキンヘッドの信者が、昨日はカレーだったんです、と嬉《うれ》しそうに話してくれた。カレーがたぶん平穏な家庭の食卓にいちばん似つかわしい料理だから、そうやって彼らは裡《うち》なる家庭の愛情を代償している、なんて考えたくなるが、言うまでもなくそんなステレオタイプの発想は絶対に拒絶する覚悟がなければ、この作品は成就しない。

電話帳を繰《く》りながら、何軒もの引越し屋に荒木浩は電話をかけるが、オウムという名を出した瞬間に次々と断られる。「楽しちゃいけないってことですかね」と、最後に引越しのサカイにも断られて、荒木浩は誰にともなくぽつりと言う。荷造りに忙しい山本に、「とりあえずはほっとしましたね」と話しかけると、「うーん、まあ、そうですね」と不明瞭《ふめいりょう》な返事が返ってくる。

「嬉しくないんですか？」

「個人的には破防法が適用されたほうがいいかなと、実は思ってましたから」

段ボール箱を担ぎ直しながら山本は真顔でそう言った。ある意味での本音だと思う。そしてこの心情は信者全般にほのかにある。この状況になって嬉しいことにかえって修行が進んだというニュアンスの発言は、これまでも複数の信者からよく聞かされた。

宗教組織内部が陥る、迫害への夢想と自己犠牲の幻想がその背景にあることは間違いない。しかしこの論理だけでは説明しきれていないという焦燥が常にくすぶる。オウムには必ずこの、「言い足りてない」という感覚がつきまとう。

しかし棄却を伝えるテレビは相変わらず無邪気そのもの。地下鉄サリンの遺族の哀《かな》しみと憤慨を扇情的な音楽で伝えた後に、両の瞼《まぶた》に涙を溜《た》めた徳光アナウンサーは、「とにかく今後は、より一層の市民レベルの厳しい監視の目をオウムに向けるべきです」と、重々しく断言し、横のゲストやジャーナリストや検察ＯＢたちが、沈痛な表情で深々と頷《うなず》く。

複数の局や新聞社が、記者会見の際に荒木浩が苦笑した一瞬の映像（会場ではこの瞬間フラッシュが幾つも光った）を（予想どおり）大きく扱い、ナレーションは、「教団側は喜色満面でこの発言」と表現した。もっとも映像ではその直後に、声明を発表する荒木浩の苦渋に満ちた表情となる。会見中に微笑を浮かべたのはこの一瞬だけなのだから当然そうなる。しかしテレビ的作為としては、（荒木浩の一瞬の笑顔に喜色満面というナレーションを重複させた瞬間に）既に充分に完成している。こうして一丁上がりだ。日曜の朝、トーストをかじりながらテレビを見る視聴者たちの意識には、破防法が棄却されてほくそ笑むオウムの幹部たち、というイメージがすっかり刷り込まれている。

この作品においてはメディア批判は本来の意図ではない。事実最近はメディアが近づいて来るたびに、僕も安岡もカメラのスイッチを切ることが多くなった。もううんざりだというのが正直なところだ。しかし批判を声高にする気はないが、作品においては重要な要素であることは間違いない。視聴率や購買部数という大衆の剝《む》きだしの嗜好《しこう》に、常に曝《さら》され切磋琢磨《せっさたくま》を余儀なくされてきたメディアの姿は、ある意味で僕が抉《えぐ》りたかった「日本人のメンタリティ」そのものなのだ。その意味ではメディアは決して軽薄でも不真面目《ふまじめ》でもない。たまたま志の低い人種がメディアに集まったわけでもない。メディアは僕たち社会の剝きだしの欲望や衝動に、余計なことはあまり考えずに忠実に従属しているだけだ。自らの空白に、「グル」ではなく「組織」の大いなる意思を充塡《じゅうてん》させて、自分の言葉で思考することを放棄して、他者への情感と営為への想像力をとりあえず停止させただけなのだ。地下鉄の車両でビニール袋に傘の先を突き立てる行為も、被害者である河野義行さんを何のウラも取らず犯人と断定する行為も、エイズ感染の危険性を熟知しながら血友病治療の非加熱血液製剤の輸入を黙認していた行為も、不当逮捕の瞬間を撮影されていることを知りながら逮捕した信者を釈放しようとしない行為も、すべては同じ位相なのだ。

「……もし認めたなら、だったらなぜここにいるんだ？　と聞かれたとき何も言えません」

荷物をほとんど運び終えた室内で、社会が要求する謝罪の言葉をなぜ教団は発表できないのか？　と僕が訊ねたとき、長い沈黙の後、荒木浩はそう言った。

「ならば、事件についての認定というニュアンスをこめなくても、今の時点での教団としての見解を発表し、とにかく世間を騒がせたことへの謝罪は可能なはずでしょう？　家族の誰かが隣家のガラスを割ったのなら、割った理由をただす前に、とにかく迷惑をかけたことを謝るほうが先決のはずですよね？」

「ガラスくらいならそれもできるかもしれませんが……」

荒木浩はそうつぶやいた後に再び沈黙した。これ以上の言葉での追及はおそらく無意味だと、同様に沈黙しながら僕は思う。無理に言葉を吐きださせても、それによって構築される世界は、僕らにとってはまた不明瞭なものになる。近づきかけた輪郭がまた遠ざかる。荒木浩もたぶんそれはよく承知している。承知しているからこそ言葉に対して慎重になっている。言葉が見つからないと焦燥するのは僕だけではない。撮影者と被撮影者、その双方が、どうやったら翻訳できるのだろうと身悶《みもだ》えしながら、時間ばかりが経過する。


「何もわからないことがわかりました」

二月十日。昨夜十時頃、横浜に移った広報部から一枚のＦＡＸが届く。明日いわき市で、アーチャリーの入学拒否の集会を住民たちが開催するが、その場に荒木浩が来ることを住民たちが要求しているとのこと。カメラは新宿の事務所に置いたままだから、一旦《いったん》新宿に行ってそれから上野に行くとなると、今夜中にいわきには着けそうもない。

時刻表を睨《にら》みながら、カメラ調達のためには何をどうすべきかを呻吟《しんぎん》していたら、夜間専門の自動車教習所の授業を終えた荒木浩から電話が来る。

「行きたいんですが、私も今広報部に電話で聞いたばかりで、明日の朝までにいわきに行くのはちょっと無理そうです」

残念、というよりも安堵《あんど》したというほうが自分の気持ちとしては正直だ。行ったところで、登場人物が変わるだけで同じような状況が撮れるだけだという諦観《ていかん》があった。テレビの仕事は最小限に限定せざるを得ず、生活も逼迫《ひっぱく》してきている。そして僕は何よりも、この作品の行く末を見失っている。撮影の準備期間も入れればもう二年以上彼らと接してきたことになるが、オウムについて君は何がわかったの？　と訊ねられれば、僕はこう答えるだけだ。

「何もわからないことがわかりました」

世の中のほとんどの現象は、「わかる」ものだという前提を僕らは持っていた。そしてこの思い込みが、僕らの日常を成り立たせてきた。曖昧《あいまい》に「わかる」ことで、僕らは平穏な日々を送ることができた。

オウムは、この思い込みと、曖昧さによって成立してきた日常を、抉りとって目の前に突きつける。これまで何人もの人たちが、オウムを解析するために膨大な言葉を紡いできたが、そのすべてをオウムはあっさりと否定する。いや正確には否定すらしない。遥《はる》か彼《かな》方《た》で笑い声が聞こえるだけだ。

結論だ。オウムはわからない。「信じる」行為を「信じない」人間に解析などできない。この一線を超えるためには自身も「信じる」行為に埋没するしかない。しかしその瞬間、僕は間違いなく「表現」を失うだろう。選択肢はない。オウムは既成の言語に頼る限り、どこまでいっても「わからない」存在なのだ。

十　ラストシュート

「A」というタイトルに僕が込めた意味

四月十七日。深夜十一時三十分。新装間もない新宿高島屋前のアーケードの下で荒木浩と待ち合わせる。京都に行きますとの電話があったのは三日前だ。破防法の棄却決定以後二カ月以上のご無沙汰《ぶさた》だった。もちろんこんなに長い期間の断絶は初めてだ。この間、僕からは敢《あ》えて連絡はしなかった。しようにもできなかった。これまで撮り終えた素材テープを見返しながら、これからこの作品をどう進めるべきかを煩悶《はんもん》しては、溜息《ためいき》ばかりをついていた。

公開時期についての話し合いは幾つかの劇場と安岡とのあいだで進行している。公開に際して僕が決めた作品タイトルは「A」。オウムの頭文字のAでもあるし、麻原のAでもあるし、何よりも荒木浩のAでもある。しかし真意はそんな語呂合《ごろあ》わせではない。要するに何だってよいのだと意思表示をしたかった。タイトルが内容を凝縮するものだという前提がもしあるのなら、そんな言語化はこの作品について言えば、無意味な作業なのだということを、そのタイトルで現したかった。無自覚な凝縮や象徴が如何《いか》に危険なことであり、この作品はその試みを徹底的に拒絶するということを宣言したかった。

「悪くない。だけど興行を考えれば、せめてサブタイトルくらいはつけないとなあ」と、安岡は複雑な表情だ。プロデューサーとしてはもっともな感覚だと思うが、僕はこの一文字に固執した。サブタイトルをつけたら意味がない。他には何もいらない。

京都への最後の旅

荒木浩の京都への目的は、居住しているオウム信者たちの退去を住民たちが求めて訴訟を起こした山科《やましな》ハイツの公判傍聴と、それと以前から具合を悪くしているという祖母への見舞いの二つがあるとのこと。「実家に一緒に行っていいんですか？　僕はカメラを持って行きますよ」と訊《たず》ねれば、「まだ話してないんですが、向こうに着いたら説得しようと思っています」と荒木浩は答える。

彼の裡《うち》で、家族への思いが、少しずつ変わりつつあることだけは実感できる。情動を拒絶すべきテーゼにいる彼らが、実はいちばん情動に飢餓していると僕は確信できる。これまで出会ってきたすべての信者たちが、情を求め、情に傷つき、情に脅えていた。この作品の中で僕が、唯一断言できることかもしれない。ならば僕はそれを撮る。情なら僕にもある。彼にもある。すべての人にある。大切なのは、「わかる」ことではなく「共有する」ことなのだ。言葉や論理を紡ぐことではなく、僕らが天分として与えられた想像力を、互いに普通に機能させることなのだ。

新宿発の深夜の高速バスは京都駅に早朝五時に着いた。バスの中ではほとんど一睡もできず、隣の席の荒木浩も一晩中ごそごそと動いていたから、おそらく熟睡はできなかったのだろう。電車に乗り換えて山科へと向かう。、山科駅を降りて立ち寄った早朝営業のファミリーレストランで、僕はトーストとホットコーヒーのモーニング。荒木浩はホットミルクを飲みながら、つい先日集団自殺を図ったアメリカのカルト集団の話題で小一時間ほど時間をつぶす。荒木浩の背後に座っていたサラリーマン二人連れが、緊張した表情でちらちらと何度もこちらに視線を送ってくる。

山科ハイツで僕らを迎えた池田光一とは、去年の六月に破防法弁明の会場で名刺を交換して以来、会うのはこれが二度目になる。非常にざっくばらんで、オウムには少々珍しいタイプの信者だ。今回玄関の扉を開けたときの第一声も、如何にも彼らしい明瞭《めいりょう》な言葉遣いだった。

「久しぶりです。まだ撮ってるんすかあ?」

山科ハイツで一旦旅装を解いてから、荒木、池田、他の二名の信者と共に京都地方裁判所へと向かう。

「実は、ひとつ企《たくら》んでるんすよ」

山科駅のプラットホームで、池田が僕と荒木浩に言う。

「いつも公判は山科ハイツの住民たちでいっぱいなんですよ。だから今日はサマナたちに招集をかけたんです。傍聴は先着順ですからね。法廷はオウムの信者たちでいっぱいになりますよ」

「住民たちはどうやって来るんですか？」

「バスをチャーターして来るんじゃないかなあ。信者たちには二時間前には列に並ぶように指示してます。住民たちが到着するのはいつもだいたい始まる三〇分前ですから。住民たちは来てびっくりですね」

　京都地方裁判所の前には、池田の言葉どおり、二〇名ほどの信者たちが傍聴券の列に並んでいた。関西出身の荒木浩は、旧知の顔を見つけるたびに嬉《うれ》しそうに顔がほころび、元気ですか修行は進んでますかなどと言葉をかけ合う。やがて続々と山科ハイツの住人たち（平日ということもあってかほとんどが主婦）がやってくるが、目の前の行列に茫然《ぼうぜん》とした表情。たまりかねた一人の年配の婦人が、先頭に立って池田に話しかける。

「池田さんずっこいわあ。こんなんありやの？」

「いやあ、偶然増えちゃったんすよ」

「嘘《うそ》いな。あそこにいはるの荒木さんやん。計画的やわあ」

「本当っすよ、偶然なんすよ。でもいつもは皆さんでいっぱいなんだから、たまにはいいじゃないすか？」

「何言うてん。スーパーでも、特売の卵は一人一ケースまでゆうて決まりやん。こんなんずっこいわあ」

この軽妙なやりとりには信者と住人たちが大爆笑。出てゆけ、出てゆかないと、訴訟まで起こしている当事者同士の裁判所前でのそんな光景を、僕は奇妙な居心地の悪さを感じながら、カメラを片手に眺めている。

撮影を了解してくれたオウム側の代理人である堀和幸《ほりかずゆき》弁護士は、テレビに盛んに出ていた一年前にはポニーテールに束ねていた髪を茶色に染め、背広の下には極彩色のシャツで耳元にはピアスを光らせていた。裁判の見通しについて訊ねれば、慎重な言い回しでこう言った。

「争われるのは信仰の自由という基本的人権なんだと考えれば、この裁判では負ける要素はないはずだと思いますが……」

「だってこれに負けたら、日本は憲法変えなくちゃ駄目すよね」

礼を言ってカメラを止めると、傍らにいた池田が屈託のない調子でそう言った。堀弁護士の口元に曖昧な笑みが浮かぶが、唇の端には微妙に複雑な影が、余韻となって浮かんでいる。

「楽観はできないよ」

自らに言い聞かせるかのように彼は言う。

「通常の裁判なら負けるはずはない。しかし……今回ばかりはわからないというのが本音です」

公判の開始時間が迫り、結局オウム側が折れ、住民たちも何人かは傍聴に加わる。僕もカメラをバッグに入れて入廷する。チェックは一切ない。席に着き、カメラをテーブルの上に置いてスイッチを入れる。原告側の弁護人たちが、オウムが未《いま》だにまったく改心していないことを裁判官に訴え、池田は陳述に立ち、公判はほぼ二時間続いた（僕は開始二〇分くらいで睡魔に負けた。麻原ではないが、確かに裁判は眠い）。

公判終了後、信者の運転する車で再び山科ハイツへと戻る。オウムが賃貸契約を結んでいる二五六号室の人の出入りは、自治会が天井にとりつけたビデオカメラですべて記録されているとのこと。入室する前に荒木浩はカメラに向かい、被《かぶ》っていたアポロキャップを脱いで深々と一礼。挑発的ですね、と言えば、やりすぎましたね、と笑う。

午後九時を過ぎる頃、集まってきた信者たちの修行が、祭壇がある和室で始まった。撮影を打診すれば、今夜は在家の信者ばかりなので無理とのこと。ダイニングキッチンに出家信者たちと座り込み、隣室に響くマントラを聞きながら雑談に興じる。先日交付されたばかりだという免許証を、荒木浩が大事そうに財布から取りだした。

「写真は当然警察で撮ったんですよね」

「ええ、運転免許センターです。考えたら管轄は一応公安委員会なんですよね」

「撮るとき何か言われませんでしたか？」

「言いたそうな顔してました」

宿泊先を決めていないと言えば、皆であちこちに電話をかけて、なるべく近場のビジネスホテルを探してくれる。地図を描いてもらいながら、「この電話代はオウムからの便宜供与になるかもなあ」と言えば、「黙っていましょうね」と池田が笑う。

午後十一時に山科ハイツを辞去して、描いてもらった地図を片手に教えられたホテルへと向かう。かなり割高のホテルだがこの周辺にはここしかない。いつもなら多少遠くても他を探しただろうが、今夜はその気力はなかった。疲れていた。昨夜の睡眠不足だけが理由じゃない。二年分の疲れだ。でもきっと、それももうすぐ終わる。

明朝午前六時、荒木浩は山科ハイツを発ち故郷へと向かう。そしてきっと明日は、この作品のクランクアップとなる。明確な根拠はないが、なぜかその思いは確信に近い。チェックインしてすぐに自宅に電話をかけた。ここ数日、編集作業で自宅には帰っていない。受話器を奪い合う長女と次女に、「明日は帰るよ」と告げる。

シャワーを浴び、ベッドに備えつけの目覚ましを午前四時半にセットし、念のためフロントにもモーニングコールを頼み、冷蔵庫の缶ビールを一本だけ飲みながら、窓の外の正方形に区切られた京都の夜景をしばらく眺める

帰らない人はいない。人は皆、最後には帰る。荒木浩もいつかはどこかに帰る。他の信者たちも、警察官も、マスコミも、麻原彰晃も、憎む人も、憎まれる人も、心が弱い人も、強い人も、愛する人も、愛される人も、すべての人が、きっとみんな、いつかは帰る。

明日は帰るよ。

ラストシーン

実家でほぼ半日を過ごした夕刻、駅まで見送りに来た祖母に改札口で別れを告げ、荒木浩は上り線への連絡橋を駆け上がる。祖母をその場に押しとどめたのは、彼女の心臓の具合を気にしたためのようだ。荒木浩から少し距離を置いて僕は後に続き、カメラを回しながら連絡橋を駆け下りると、線路を挟んだ反対側のホームに、祖母はいつのまにか、ぽつんと一人で立っていた。

線路を挟んで二人は立ち尽くす。

上りの電車が入ってくる。

不安げに孫を見つめていた祖母の姿が視界から消える。

電車に乗り込んだ荒木浩は、窓ガラスに駆け寄り顔を押しつけて、小さく手を振り続ける。

やがて電車は静かに動き出すが、荒木浩は窓ガラスの側からいつまでも動かない。駅舎が遥《はる》か彼方《かなた》に遠ざかったとき、やっと顔を上げ、座席に座り、深く息をつく。しばらく沈黙が続いた後、カメラを回し続けている僕に思い出したように視線を向け、荒木浩はバッグからごそごそと一枚の写真をとりだした。

「これ、さっき持ってゆけと渡されたんです」

少しセピアに変色しかけたモノクロの写真。一歳にもなっていない幼児が、腹這いの姿勢で不思議そうにレンズを見つめている。目と口に面影がある。確かめるまでもなくすぐにわかった。荒木浩本人だ。

「どうして私にこんな写真、わざわざ出してきて持ってゆけって言ったんでしょうね」

ファインダーを覗《のぞ》きながら僕は訊ね返す。

「荒木さん、おばあさんのその心情、本当にわかりませんか？」

「……何となく察しがつくような気はしますけど」

「僕にも、何となく察しがつくような気がします」

窓の外には、日本の典型的な田舎の景色が続く。ここに来るまでの荒木浩は、聞こえてくる外の物音を遮断するかのように、ずっとウォークマンで麻原の説法を聴いていた。しかし東京へと戻る荒木浩は、ウォークマンをバッグに仕舞いこんだまま、とりだす気配はない。

黙り込み、じっと窓の外の景色を眺め続けている。

エピローグ

不安――プレミア上映前夜――

晩秋の山形は、空一面がどんよりと灰色の雲に覆われていた。東京からはほぼ三時間、着替えの入ったバッグを肩に山形新幹線を降りた僕を、二日前に先乗りしていた安岡が、改札口で出迎えた。

「感触は悪くないよ」

タクシーが発進すると同時に、隣に座った安岡は弾んだ声で言う。感触という言葉の意味が一瞬把握できず、タバコを咥《くわ》える安岡の横顔を、僕はしばらくぼんやりと眺めている。

「悪くないどころか実は予想以上にいい。映画祭の関係者だけじゃなくて、何人かの海外からのゲストからも、この作品は楽しみにしているとずいぶん言われたよ」

そうか。感触とは周囲の評判のことかとやっと気づく。明日の夜、ぎりぎりで編集を終えたばかりの「A」は、この地でプレミア上映を迎える。要するに初めてスクリーンに映写され、初めて観客たちの目に晒《さら》される。

「……あれ？　でもさ、事前に観ていた映画祭スタッフはともかく、海外からのゲストがなぜ上映前なのに、この映画の内容を知っているんだろう？」

「何言ってんだよ。そのために俺《おれ》が先乗りしたんだろ」

安岡はバッグから、「A」の簡単な概要やストーリーが日本語と英語で表記されたチラシを取りだした。山形に来る直前に文面はパソコンで作り、簡易印刷で一〇〇〇枚刷ったという。

「二日徹夜したよ。まあその甲斐《かい》はあった」

「こんな反社会的な映画はけしからんみたいな反応はないの？」

「直接はない。……まあでも、ここは何といっても山形だからな」

自分に言い聞かせるかのようにそう言ってから、安岡は口を噤《つぐ》む。走り去る窓の外の景色を、物思いに耽《ふけ》るようにしばらくじっと眺めている。


ドキュメンタリー制作を志す者にとって、山形《やまがた》という響きは特別な意味を持つ。一九七〇年代から八〇年代にかけて、成田闘争などをテーマに数々の作品を作りつづけてきたドキュメンタリー界のカリスマ小川紳介が、最終的な制作と居住の場として選んだ場所がこ山形だ。彼の没後、山形市が主催となって山形国際ドキュメンタリー映画祭は隔年で開催されてきた。海外からのゲストやフィルムメーカーたちは皆、「山形に参加することが目標だった」と口を揃《そろ》える。カンヌやベルリンほどの華やかさはないが、ドキュメンタリー映画祭としての評価は世界のトップクラスだ。当然ながらドキュメンタリーに対しての関心や理解は、市民レベルでかなり浸透している。

二本めのタバコに安岡は火をつける。一般公開は三カ月後だ。たとえ今回のプレミアは好意的に迎えられたとしても、「オウムを擁護する反社会的な映画」と喧伝《けんでん》されつつあるこの作品が、今後の順調な興行を約束されるわけじゃない。無言で窓の外を眺める安岡の横顔に、紫煙がいつまでもまとわりついていた。


ホテルでチェックインを済ませ、映画祭の事務局に行って、ゲストのIDカードやスケジュールが記載されたパンフなどを受け取る。市内のメインストリートには「山形国際ドキュメンタリー映画祭九七」と書かれた幟《のぼり》やポスターが至るところで目について、IDを首から下げた何人もの海外からのゲストや、映画祭のボランティアスタッフたちとも数分おきに擦れ違う。コンビニに立ち寄るとレジの年配の男性店員が、「映画祭のゲストの方ですね」とIDに視線を送りながら微笑《ほほえ》みかけてきた。

「ご覧になりますか？」

「明日は休みだから、何本か観るつもりでカタログも買いましたよ。ドキュメンタリー映画なんてなかなか普段は観る機会がないからね。だけど毎回、必ず拾いものがあるんだよね」

ちらりともう一度僕のIDに視線を送ってから彼は、「監督さんだね。何て作品ですか?」と屈託のない笑顔を向ける。

「……Aです」

「A?」

「オウム真理教のドキュメンタリーなのだけど……」

言い終わる前に、彼の微笑が口許でフリーズしていることに僕は気づく。返事はない。微妙な静寂に耐えかねて、僕は思わず早口で、「上映は明日です」と口走る。

「……そうだねえ。いやあ正直言うと、観ようかどうしようか迷ってたんだよね。興味はあるけど、まさか洗脳されたりしないだろうなあって。……まあ考えておきますよ」


「A」が上映される映画館は、メインストリートからは少し外れたところに位置した一〇〇席ほどの小さな劇場だ。ロビーのカウンターやテーブルの上には、映画祭で上映される世界中のドキュメンタリー作品のチラシやパンフレットが隙間《すきま》なく積まれていて、安岡お手製の「A」のチラシも大量に置かれている。劇場の中ではちょうど今フィリピンのドキュメンタリー映画の上映が終わったところで、ゲストで招待された監督が、壇上で観客との質疑応答を始めていた。……およそ二十四時間後、「A」は初めて、スクリーンに映写される。そして上映後、僕もあのステージの上に立ち、観客からの質問や批評の矢面に立つことになる。

封印する編集テクニック

京都でクランクアップを迎えた「A」の編集作業は、生活のためにテレビドキュメンタリーの仕事を再開したこともあってなかなか進まなかった。長期契約で借りた新宿のビルの一室にある編集室で、週に二度ほどは朝を迎えるという日々が二ヵ月ほど続いた。

まずはトータルで一三六時間という膨大な素材テープの量に悪戦苦闘した。ラッシュを全部見終えるだけで一ヵ月が過ぎた。一年半の期間カメラを回し続けたとはいえ、このとてつもない素材の量には正直辟易《へきえき》した。カメラマンとしてプロとアマチュアの本質的な差は、たぶん細かな技巧ではなく、現場でカメラのスイッチを入れるか停めるかを決断する力と潔さなのだとつくづく実感した。

それでも二ヵ月近くが過ぎて全体の長さが八時間ほどにまとまってきた頃、様子を見に来た安岡が、試写の後「何だよこれは」と呆《あき》れたようにモニターの前で吐き捨てた。

「パン（横移動）のカットを使うのなら頭とケツに数秒のフィックス入れるのは常識だろう。インタビューの後の余韻も全然残していない。とにかく編集のセオリーをことごとく無視している。基本ができていない。これなら今俺が教えている学生のほうがよっぽど上《う》手《ま》い編集をするぞ」

「学生以下？」

「とにかく編集の文法がめちゃくちゃだ」

「学生以下って言ったな」

「言ったよ」

ほぼ十年にわたる職業ディレクターとしての日常で、身に付けてきた編集の技巧を一旦《いったん》白紙にリセットすることを、僕は今回の編集の重要なテーマとして考えていた。指摘された編集のセオリーくらい当然ながら承知しているし、敢《あ》えてそのノウハウを封じているつもりだった。安岡の反応は予想していたが、学生以下だといきなり罵倒《ばとう》されてこちらも切れた。


モンタージュ理論から始まった映像編集技術は、その進化の過程で様々な技巧を獲得してきた。テレビ業界に入ったばかりの僕が驚いた技巧のひとつにインサートと称される技術がある。例えばAとBとが対面して話し込んでいる状況を編集するとする。Aが話している最中に、いきなりBの表情が挿入《インサート》されたなら、それは実は違う状況の映像なのだと思ってまず間違いはない。よほど潤沢な予算の番組じゃない限り（スタジオ収録の番組を別にして）、現場にはカメラは一台しかないことが通常だ。Aが話しているこのリアルタイムにおけるBの表情は、素材としては存在していない。話の途中にインサートされたBの表情は、実は違う時間軸での映像なのだ。

つまりインサートは過去から未来へと一方向にしか流れない時間を、編集者の意向で自由自在に操作できる技術なのだ。Aの話に深く頷《うなず》くBの表情をインサートした場合と、首を傾けたり視線を外したりしているBの表情をインサートする場合とでは、両者の関係性は言うまでもなく一八〇度変わる。AやBの性格やその時の情感を強調もできるし、その気になれば極端な歪曲《わいきょく》や捏造《ねつぞう》も思いのままだ。

改めて言う。編集は事実を加工する作業なのだ。そもそもの素材は事実でも、カメラが任意のフレームで切り取ることで撮影者の主観の産物となった現実は、更に編集作業を経て、新たな作為を二重三重に刻印される。それがドキュメンタリーであり、映像表現の宿命でもある。

その技術を今回は、可能な限り封印しようと僕は考えていた。もちろん映像の作為を否定することがその目的じゃない。ドキュメンタリーは事実の集積なのだという稚拙な呪縛《じゆばく》など、最早僕には欠片《かけら》もない。でも、当然のノウハウとして無自覚に身に付けていた技術を、一旦白紙にしたいという強烈な衝動があった。その意味ではナレーションやテロップという手法も使わないつもりでいた。テレビから自分が排除されるきっかけになったこの作品で、とにかく全てを一旦リセットしようと考えたのだ。

「学生以下って言いかたはないだろう」と声を荒らげれば、だってそうじゃないかと安岡も譲らない。学生たちにドキュメンタリーを教える立場でもある安岡は、どちらかといえば基本に忠実でオーソドックスな編集を好む。ディレクターとプロデューサーの二人きりのユニットでは、意見が相反したときに仲介したりクッションになってくれる人がいない。どちらかが譲らない限り言い争いは続く。実はこれ以前から、編集室内の雰囲気は少しずつ険悪なものとなっていたが、この日の「学生以下」の一言をきっかけに、二人の亀裂は決定的となった。

「上等だよ。そこまで言うのなら自分でやれよ」

「俺《おれ》がやっていいのか？　文句つけるなよ」

「納得させてくれるなら文句なんか言わねえよ」

安岡を一人残して僕は椅子《いす》を立った。後手に閉めた扉が背後で激しい音をたてて、興奮しすぎたかなと一瞬思う。蛍光色に白く発光する深夜のエレベータの中で、昂揚《こうよう》と同時に微《かす》かに安堵《あんど》している自分に気づく。一時的にせよ編集権を安岡に任せたことで、内心はほっとしていた側面は否定できない。無自覚な技巧をできる限り排除するという今回の自分の編集コンセプトに、確固たる自信を持てなかったということもある。安岡の編集で納得できるのならそれも良いとの思いはあった。最後の捨て台詞《ぜりふ》の半分は虚勢だが半分は本音だ。この時点で、山形国際ドキュメンタリー映画祭の審査締め切りまでは、もう一カ月を切っていた。


一週間後の深夜、僕は編集室の扉を開けた。編集機の前で上体を折り曲げるようにして突っ伏していた安岡は、朦朧《もうろう》とした表情で振り返った。傍らの灰皿の上には、タバコの吸殻がカツ丼大盛くらいの容積となって盛り上がっている。

「どう。調子は？」

「……いろいろやってみた。だけどしっくりこない」

低く言ってから、安岡は小さく肩で息をついた。

「理論的にはこの編集で間違いないはずだけど何かが違う。テンポもずれるし、明らかに失速する。……もしかしたら最初の編集が正しかったのかもしれない」

頷きながら隣のパイプ椅子に腰掛ける僕に、さすがに率直に感情を表明しすぎたと思ったのか、負け惜しみのように安岡はつぶやいた。

「そもそも、撮影素材そのものがセオリー無視のカメラワークだからな。たぶん常識的な編集は、この作品にそぐわないってことだろう」

一旦は収束したが、編集を巡ってのこうした言い争いはこの後も続いた。山形への応募締め切り直前、安岡が再び目を剝《む》いた。荒木浩に名前テロップをつけないと僕が主張したからだ。

「テロップは最小限にするという意図は理解しているし、正しいと思う。しかし荒木はこの作品の主役だぞ。他にテロップをつけている人は複数いるのに、よりによって主役に名前テロップをつけないことの論理的必然はない」

「だって彼の顔や名前は、日本中知らない人はいないだろ？」

「そういう問題じゃないだろ？」

「そういう問題だよ。主役だから当然入れるという意識を解体したいんだ」

……当時の僕が、既成の手法を白紙にするという自分の思いに過剰に拘泥し過ぎていたことは事実だろう。名前テロップにしても、他の登場人物には入れながら荒木浩に入れないという選択は、確かに様式としては破綻《はたん》している。意地になっていたことは事実だが、現在もこの編集に悔いはないし、名前テロップを追加する気などもちろんない。なぜなら編集は、その時点での自分の情感や思いを封じ込める作業でもあるからだ。テレビという環境から排除された僕自身が、既成のテレビ的手法は不要と過剰に思い込んだことは、この作品においては正しいか誤っているかではなく、作品の本質に直結する重要な要素なのだ。

発熱の上映当日

山形に着いて二日めの朝、僕はホテルの部屋でベッドから動けずにいた。全身の関節が痛むし頬《ほお》が火照る。明らかに風邪《かぜ》だ。何てこった。ここ二年ほど風邪なんてひいたことなかったのに、何だってよりによって、今日のこの日に風邪をひかなくちゃいけないんだ？

いずれにしても上映は夜だ。いろいろ観るつもりだった他の映画は全てキャンセルして、ホテルから数分の距離にあった薬屋で症状を説明して買った薬を服用し、とにかくまどろみながら一日を過ごす。昼過ぎに安岡から容態はどうだと電話がかかってくる。

「大丈夫だよ。とにかく夜までは寝ているよ」

「安静が第一だけど、想定質問は読んでくれたかな？」

世界中どこの映画祭でも、上映後に作品の製作者と観客とのディスカッションの時間が設定される。コアなドキュメンタリーファンが多い山形では、特にその比重は高い。観客からの質問に備え、作品についての理論武装を図ることが必要だと安岡は主張し、想定される質問を箇条書きにしたメモを、昨夜僕は手渡されていた。ベッド脇《わき》のサイドテーブルに置いたままのその紙片に、僕はちらりと視線を送る。

一、あなたはオウムが犯した犯罪をどう規定するのか？

二、オウムを擁護していると批判されることは自明なのに、なぜこんな作品を作ったのか？

三、不当逮捕の映像を弁護士に提出した理由は？

四、オウムに危険はないとあなたは本気で思っているのか？

五、被害者や遺族がこの映画を見たときにどんな感じを抱くと思うか？

六、もし自分の身内がサリン事件の被害者なら、あなたはこの映画を作れたと思うか？

「もうほとんど頭に入っているよ」

「ステージはあがるぞ。失敗したら取り返しのつかないことになる。どう答えるかは基本的には任せるよ。その程度の質問なら、監督は胸を張って答えるべきだし信頼している。だけどいきなり質問されて慌てないように、その心構えだけは必要だよ」

「だけどさ、上映前ならともかく、映画を観終えてもこんな質問する人なんているかな？」

「楽観はできない。会場にはマスコミもかなり来ている。作品はともかく、この質疑応答で失敗したらけっこう致命的な事態になる」


受話器を耳に当てながら、そういえば昨夜、映画祭関係者が集まる居酒屋で、隣り合わせた初対面の年配の男性から、「オウムを撮ったという男はおまえか！」といきなり罵声《ばせい》を浴びせられたことを僕は思いだしていた。著名な映画プロデューサーだということを後で知った。「おまえはドキュメンタリーを何だと思っているんだ？　あいつらは市民社会の敵なんだよ」と、酔いで呂律《ろれつ》の回らない口調で何度も繰り返す彼に、「とにかく作品を観てください。そのうえで話しましょう」と僕は答え続けた。臆《おく》したわけではない。観たうえでの批判ならいくらでも受けるし応戦だってする。だけど未《ま》だ観ていない人に対して、自分の作品について論戦することがどうしようもなく苦痛だった。一人で撮影を続けていた頃、撮影素材の一部をＶＨＳテープにダビングしてテレビ局や制作会社を訪ね歩きながら、見ることさえ拒絶されつづけた日々のことを思いだしていた。

のだ。

「市民社会の敵」

泥酔したプロデューサーは何度もそう言った。小川紳介を筆頭に、かつて日本のドキュメンタリー映画は市民社会にその軸足を置きながら、国家や大企業を告発する反体制メッセージをテーマとした作品が主流だった。市民はあくまでも正義であり弱者だった。その世代の彼らから見れば、結果として市民社会に牙《きば》を剝いたオウムは、絶対に寛容できない存在なのだ。市民社会の現在のありかたを批判するこの映画は、あってはならない存在なのだ。

受話器を戻してから、僕は部屋の窓を開ける。夕暮れの冷えた風が、暖房で火照った部屋の中に吹き込んできて、発熱で汗ばんでいた頰や首筋を静かに撫《な》で過ぎた。

……もしもオウムのドキュメンタリーを撮った僕が、同じように日本市民社会の敵と見なされるのなら、家族はこれからどんな境遇に身を置くことになるのだろう？　妻は今の仕事を続けられるのだろうか？　子供たちはクラスや保育園で苛《いじ》められるのだろうか？　今の街で暮し続けることができるのだろうか？

熱でまだ足許《あしもと》はおぼつかないが、気力を振り絞って熱いシャワーを浴びて髭《ひげ》を剃《そ》った。窓の外では薄闇《うすやみ》が迫った山形市内の街並みが見える。家々の窓に少しずつ明かりが灯《とも》り始め、父親は帰宅し母親は夕餉《ゆうげ》の支度を終え、子供たちは風呂《ふろ》上がりにテレビを見ている。単調だけど平穏な日々の営みが、ひとつひとつの明かりの下で静かに息づいている。

バスタオルで髪を拭《ふ》きながら、ベッドサイドの時計を確認する。きっかり二時間と三〇分後に、上映が始まる。

思いがけない反応

最後のロールクレジットがフェイドアウトすると同時に、思いがけないほどに大きな拍手が会場に充満した。司会を担当する映画祭スタッフと安岡に挟まれるようにして、僕は客電がついた場内通路をふらつきながら壇上に向かう。ステージに立つと同時に強烈なスポットライトに正面から照射された。司会者からマイクを手渡され、とにかくもごもごと礼を述べる。司会の横に立った通訳が、場内にいる海外からのゲストのために、その場で英語に翻訳する。少しずつライトに目が馴《な》れて、客席からこちらを凝視する夥《おびただ》しい視線に今さらのように気づき、僕は思わず反射的に目を伏せていた。きっと姑息《こそく》に見えただろうなと思い、俯《うつむ》いたその姿勢のまま横目で隣の安岡を窺《うかが》うと、彼も伏目がちに立ち尽くしていた。

極度の緊張と発熱が相まってか、明確な記憶はこのあたりまでしかない。何人もの観客から幾つもの質問を浴びせられ続けたけど、答えに窮したことはたぶん一度もないはずだ。最後に地元の中学教師だという初老の男性が、「今はまだ自分の感想をうまく表現できないけれど、この映画を観たという体験は今後の自分にとって、とてつもなく大きな意味を持つことを確信している」と発言し、感極まった僕は、「ありがとうございます」と口の中でつぶやきながら思いきり頭を下げた。

……何とかなる。公開は数カ月先だけど、そのときはそう思った。少なくとも、妻が今の職場にいられなくなったり、子供たちが学校で苛められたり、家を引っ越さなくてはならないような状況だけは回避できそうだ。この作品の意図は正しく理解される。きっと多くの人に観てもらえる。……そのときはそう思った。そしてこの確信が、無邪気すぎたことを、僕はこの数カ月後に実感することになる。

紆余《うよ》曲折のエンディング

山形映画祭終了後、また新たな問題がもちあがった。エンディングの音楽にはスタンダード曲「BE MY BABY」を使用するつもりだった。作曲はアメリカ音楽界の重鎮フィル・スペクターだが、楽曲としてはあがた森魚《もりお》のアルバム「24時の惑星」を音源にした。去り行く恋人に切々と訴えかけるこの曲を、荒木浩の里帰りのシーンに全曲使用した。このアルバムの発売元であるキティや、あがた森魚の了解など、国内における著作関係は全てクリアした。ところがアメリカ本国のフィル・スペクターのエイジェントから、使用不可の連絡が突然届けられた。理由は書かれていない。しかし条件呈示をいきなり省いて、あっさりと「不可」の告知だった。

「must notって書いてある。参ったな。オウム真理教のドキュメンタリー映画なんて、バカ正直に書いてオファーしたからかな？」

編集室の薄汚れたソファーにぐったりと腰を下ろした安岡は、アメリカからのレターへッドを手に疲れきったようにつぶやく。諦《あきら》めきれない僕は「もし強行したら？」と訊《たず》ね、

「相手はアメリカだぜ。訴訟を起こされてとんでもないペナルティが発生するよ」と仏頂面で安岡は答える。

「具体的には？」

「安岡家と森家が破産したってとても追いつかない」

黙りこんだ僕に安岡は、「監督の意向を実現できなかったことは申し訳ないと思う。でもとにかく、こうなったら他の曲を考えないと」と言う。しかしずっと「BE MY BABY」を想定しながら編集作業に没頭していたため、今さら他の音楽といわれても全くイメージできない。

「期限は？」

「ほとんどない」

素気ない言い方に焦りが滲《にじ》んでいた。曲想が変わればその場面のテンポや編集も当然変わる。再編集の時間を考えれば、告知済みの公開までもうほとんど時間的な猶予は残されていない。それにもうひとつの厄介事も控えていた。

「広報としてのチェックはないんですか？」


埼玉県越谷市《こしがや》。ＪＲ改札口の雑踏からやや距離を置くようにして、帽子を目深に被《かぶ》った荒木浩は、キヨスクの柱の陰に立っていた。京都での撮影以来だから数ヵ月ぶりの再会だ。いつものように幾分はにかんだような表情で頭を下げながら、荒木は僕と安岡を迎えの車に乗せる。運転席では顔見知りの信者がハンドルを握っていた。

「荒木さん。免許証どうしたんですか？」

僕の質問に荒木は苦笑する。

「ほとんど運転していません。どうもやっぱり性格的に、運転向きじゃないようです」

住宅街を外れた一角に、老朽化した工場のような建造物がある。玄関の脇《わき》で車から降り、荒木を先頭に中に案内される。三階には畳を敷き詰めた二〇畳ほどの道場があり、麻原被告の三女アーチャリー正大師は、二七インチの巨大なモニターの前で、何人かの信者と共に僕たちを迎え入れた。

「撮影に入る前にオウム側から条件呈示はなかったのか?」と今もよく訊ねられる。「基本的にはないです」と僕はそのたびに答えるけど実は正確じゃない。テレビドキュメンタリーとして放送することを前提に撮影の交渉をしていた九五年当時、ドキュメンタリーの撮影対象ではなく広報副部長としての立場から、荒木は二つの条件を僕に呈示した。

一、放送前に編集した映像を見せて欲しい。
二、オウムは密教でもあるため、教義上一般に露出することを禁じられているものについては、撮影を控えて欲しい。

放送前のチェックについては、僕はその場で却下した。「テレビのルールに準じるつもりじゃないです。生理的に嫌なんです」僕の一方的な答えに数秒沈黙してから、荒木浩はわかりましたと頷《うなず》いた。撮影の制限についても、信者ではない僕にとっては差障りがあることとないことの区別はつかないし、いちいちお伺いをたてていては撮影にならない。

しかしその後の話し合いで、宗教的な理由で一般に公開することを禁じられていることに限り、編集作業終了後に協議のうえ、対応を考えることは約束した。

チェックの際にアーチャリーが同席することになったと荒木浩から電話があったのは先週だ。「BE MY BABY」に変わる音楽はまだ決まっていないし時間は惜しいが、約束は守らねばならない。

越谷に向かう電車の中で、安岡と僕は、宗教的な理由ではなく対世間的なイメージを悪化させるという理由で、シーンの削除や修正を彼らが主張し始めた時の対応を考えていた。ありえない想定ではない。いや充分に予想できる状況だ。まして相手は（メディア報道をそのまま鵜呑《うの》みにすれば）、我儘一杯にスポイルされたエキセントリックな少女だという。そんな彼女のチェックで、まともな判断を下されるとはとても思えない。

しかし電車の中では妙案は浮かばなかった。もしも宗教的な理由以外で削除や修正を要求されたなら、約束が違うと突っぱねるしかないとしか思いつけなかった。


再生のスイッチを入れてから二時間十五分が過ぎた。最後のクレジットが終わってしばらくしてから、一人の信者があわてたように立ち上がってビデオデッキの停止スイッチを押す。部屋の中には、広報部を中心に数人の信者たちがいたが、しばらくは誰も口を開かない。荒木浩も押し黙ったままだ。僕はアーチャリーの横顔を見つめた。僕だけじゃない。全員の視線が彼女に集中していた。

小さく溜息《ためいき》をついてから、一五歳になったばかりの少女はおもむろに言った。

「つまんなかったなあ。ねえ荒木くん。これ少し長過ぎない？」

数人の信者があわてたように僕の表情を窺う。しかし思わず笑みを洩《も》らしてしまった僕の表情に安堵《あんど》したのか、どっと場が和む。荒木浩が苦笑しながら、「サマナにとっては当り前でも、一般の社会にとっては驚くことはずいぶんあるんですよ」と説明する。頷いたアーチャリーは僕と安岡に視線を送り、「御免なさい。生意気言いました」とにっこり笑う。

最終的にチェックは一箇所だけ、道場の修行シーンで数秒間流れていた秘儀のマントラを、他のマントラに差し替えることはできないかとの依頼だった。時間も短いし、作業自体はさして困難ではない。マントラは他にもたくさんある。彼らにとっては重要な違いでも、作品にとってはこだわる部分ではない。

「……他には？」

「まあ言えばいろいろありますけど……」

自分の退屈な責務は終わったというように立ち上がりながら、アーチャリーはにこにこと微笑を浮かべる。笑顔はまだまだあどけなく、十五歳の少女なのだと僕は改めて思い起こす。

「教義的にはそれくらいです。後は荒木さんにお任せします。お疲れ様でした」

「今日初めて見たわけだけど荒木さんの感想は？」

施設から駅までの帰りの車の中、助手席の荒木浩は、後部座席の僕の質問に十秒ほど考え込む。

「……実は今日は、広報部の責任者としていろいろチェックしながら見ていたので、申し訳ないんですけどちゃんと作品としては鑑賞していないんです。自分が映っていることには馴《な》れているつもりだったんですけど、やっぱりテレビとは全然違いますよね。とにかく何だかあっという間に終わってしまったようで……」

「広報としてのチェックはないんですか?」

余計なことを言うなと安岡が膝《ひざ》を小突く。再び黙り込んだ荒木浩は、「言う気になればいろいろありますけど、でも約束ですから。今さらあのシーンはカットしてくれって言っても無理ですよね」と小声で答えてから微笑を浮かべる。

荒木浩やアーチャリーのこの対応は、僕に対しての特別待遇というわけではない。この数年、たぶんほとんどのメディアには、騙《だま》されたり裏切られたりをさんざん体験してきたはずの彼らだが、今も愚直なほどに約束にはこだわるし、他者を裏切らないようにと気を遣う。尤《もっと》も見方を変えれば、学習能力が徹底的に乏しいという言い方もできるし、俗世に生きる人を「凡夫」と呼称するように、一般社会に対しての見下したような情感は確かに時おり鼻につく。他者の情感を察知することには呆《あき》れるほど鈍重だし、子供でもわかるような単純な因果すら思いが及ばないから、結果的に非常識な言動をすることだって少なくはない。

しかし強調しておきたいが、お粗末ではあっても邪気や悪意は欠片《かけら》もない。出家という俗世間との遮断を決意した人たちの集まりなのだから、微妙なニュアンスが一般社会と擦れ違うことはある意味で当然の帰結なのだ。

彼らは信仰という空白を自ら選択した。少なくともその自覚を持っている。その空白ゆえの危険性を否定はしない。しかし位相が違うのだ。怖いのは、同じ思考停止状態に陥りながら、その自覚を髪の毛ほども持てない社会の側なのだ。


「アーチャリー面白い素材だよなあ。うん。あれほどにチャーミングな娘《こ》とは思わなかった。彼女も撮影したかったよなあ」

帰りの電車の中で、とりあえずの難関をひとつ突破した安岡は上機嫌だ。頷きながら僕は窓の外をぼんやりと眺めていた。

「音楽なんだけどさ、二つ候補があるんだ。一曲は中島みゆきの『捨てるほどの愛でいいから』。そしてもう一曲は伊藤咲子の『乙女のワルツ』なんだけど」

二つの楽曲候補に安岡は、はあ？　と間の抜けた声を出した。「本気かよ」とかすれた声でつぶやく。

「本気だよ」

「もう少し考えようよ。最終的には監督の決断を尊重するよ。だけどさあ、もう少し考えようよ。音楽は重要だよ。しかもエンディングだ。効果音やBGMはいっさいつけないのだから、作品の印象は全く変わる。その音楽がメインテーマを肩代わりするといってもいいくらいなんだから」

「わかってるよ」

「その最終的な判断が伊藤咲子か？」

「いい曲なんだよ」


話にならないというふうに安岡は黙り込んだ。確かに昨夜思い浮かべたばかりのこの二曲を口にするのは早計だったかなと実は僕も思い始めていたが、それを口にするのは悔しくて押し黙っていた。

「……とにかく交渉だけはしてみるよ」

駅に近づいたのか、電車は徐々に速度を緩め始める。これ見よがしに肩で息をついた安岡は、抑揚がほとんどない口調で言う。

「だけどこの二人が承諾することは難しいぞ。楽曲使用料だって桁《けた》が違うかもしれない。そうなったら諦《あきら》めてくれ」

「峠」との出会い

立錐の余地がないほどに混雑した高円寺《こうえんじ》の小さなライブハウス。その片隅で、僕は一人でビールを飲んでいた。越谷での試写の翌週行われた在日二世のロックミュージシャン

「朴保《パクポー》」のライブが目的だった。大手レコード会社から日本名でアルバムデビューを果たしながら、その一年後に韓国名を名乗ることを決意して、以後はインディーズのロックシンガーとして活動する朴保は、偶然にも僕と安岡共通の知り合いだったこともあり、彼の曲も以前は候補にあがった経緯があった。ただその時点では、エンディングは「BE MY BABY」と僕は決めていた。

ライブの終盤、アコースティックギターを手にした朴保は、最近作ったばかりの歌ですと短い前置きを言ってから、「峠」を歌い始めた。曲の途中で、電源を切り忘れた携帯電話がコートのポケットの中でくぐもった着信音を響かせていたけれど、僕は動けなかった。曲が終わり客席の拍手が鎮まっても、呆然と放心したまま指一本動かすことさえできなかった。

深い森の中　木の匂《にお》い流れる道
一人歩いた　自分を見つけるため
時には人が恋しくて　山鳥と唄《うた》をうたい
時には立ち止まりなさいと　守り神が励ましてくれる
なげたらあかんと三《み》筋山《すじやま》目指せば

杉の木がまっすぐ　空をさす
左へ曲がれば　田舎へ続く道
右へ上がれば　また旅へでる
故郷《ふるさと》後にして　もう一五年が過ぎた
父母もこの世を去り　やまびこに声がする
人は峠を前に　行き先風を読む
誰も教えちゃくれない
自分で決めるんだ
おまえの行く道を
自分で越えるんだ

朴保自身のこれまでの半生がモチーフとなるこの曲は、映画のエンディングを飾るには、パーソナルな要素やメッセージが強過ぎることは明らかだ。だけど僕は、タバコの煙とジントニックや安ウィスキーの匂いが漂うライブハウスで、揺れる何人もの肩越しにステージを眺めながら、昂揚《こうよう》で震えていた。理屈じゃない。この曲しかない。やっと見つけた。この曲だ。

この夜のライブの録音テープを朴保から借りて帰宅した僕は、二歳になったばかりの長男に添い寝しているうちに眠り込んでしまったらしい妻を揺さぶり起こした。長男を抱きながら「峠」を聴き終えた妻は、「中島みゆきにしなくて良かったねえ」と眠そうに目をこすりながら微笑《ほほえ》んだ。

しかし実は、エンディングに「峠」を使うというこの選択は、更に深刻な問題を孕《はら》んでいた。できたばかりのこの曲は、まだレコーディングが為《な》されていない。既成のレコード会社に所属せずインディーズで活躍する朴保は、曲ができたからといって気軽にレコーディングができるような環境に身を置いていない。要するに使用するにも音源が存在しない。

「どうしてもこの曲にこだわるのなら、レコーディング費用をこちらが負担するしかない」そう言う安岡に、「この曲しかない」と僕は答えた。安岡は黙り込んだまま床の一点を見つめている。朴保の音楽を使うことには安岡は同意した。しかし彼の意中の曲は「峠」ではなく、朴保が以前発表した自主制作CDに収録されている「風まかせ」という曲だった。カントリーフォーク調の軽快な曲で、エンディングには確かに適合する曲だった。

「だから嫌なんだ」と僕はこの曲を使うことを拒絶した。「BGMなんか使う気はない。それならば曲などないほうがいい。エンディングとして違和感を残す曲だから、この作品に使う意味はあるんだよ」

沈黙した安岡の深刻な表情に、既製のCDを音源に使える「風まかせ」ならば、新たなレコーディングなどの出費がないことに僕は気づく。

「率直に言って欲しいのだけど、経済的な問題で悩んでる?」

「……編集を何度もやり直しているから予想以上に出費した。この後にはキネコ(ビデオをフィルムに変換する作業)でまたかなりの金額が必要となる。プロデューサーとして恥ずかしいけど、金銭的には今かなりきついことは事実だ」

「……レコーディングって幾らくらいでできるんだろう?」

「昨日、朴保と電話で話したんだけど、静岡に懇意にしているレコーディングスタジオがあって、そこなら破格の金額でやってくれるらしい。ただ、それにしたって一〇人近いメンバーが最低一週間はそのスタジオに泊り込みで共同生活を送るわけだから、彼らへのギャラも含めて、総計ではかなりの金額になる」

その夜、帰宅した僕は妻に事情を説明した。この半年ほど、僕にはほとんど収入がない。三人の子供を抱え、最近になってパートタイムの仕事を始めた彼女に相談しづらいことではあったけど、他に手段はない。何とか工面すると最後に安岡は言ったけど、スポンサーやバックなどがつくはずもないこの作品で、これ以上彼だけに資金の調達を任せてはおけない。

「全額を負担するわけじゃない。とりあえず二〇万円くらいあれば……」

無言で立ち上がった彼女は、箪笥《たんす》のいちばん上の引出しから紙封筒を取り出して僕に手渡した。たぶん何かに用立てるつもりで置いてあった金なのだろうけど、僕は訊《たず》ねなかった。彼女もそれについては説明しなかった。「二〇枚以上あるよ」と僕は言い、「二五万円あるはずよ」と彼女は答える。長女と次女は二段ベッドで寝息をたてている。二歳の長男は寝返りを打ちながら、夢にうなされたのか、不意に布団の端を摑《つか》んでめそめそと泣き出した。

「幾ら必要なの？」

地下鉄サリン事件の五カ月後、所属していた制作会社の上層部と意見が衝突して、契約を解除されたその頃に、彼はこの世に誕生した。その後、衝突の原因となった作品は「A」というタイトルになり、自主制作映画として公開直前の今、長男は保育園に通うほどに成長している。

この二年間、本当にいろんなことがあった。大勢の人と知り合い、大勢の人が僕から離れていった。毎日ずっと無我夢中で気づかなかったけど、いつのまにか長い年月が経っていた。

キッチンで夕食の皿を洗い始めた妻が、長男の傍らでぼんやりと物思いに耽《ふけ》っていた僕の名前を突然呼んだ。

「何？」

「『峠』に決めたのね？」

「うん。決めた」

「あたしもあの曲は好きだけど、映画のエンディングに使うには少し個性的過ぎるかなという気もする」

「うん。批判されるかもね。覚悟している」

長男の泣き声が急に高くなった。片付けを終えた妻は、その傍らに添い寝をするとすぐに寝息をたてだした。分厚い封筒をバッグのポケットに入れてから、僕は缶ビールを一本だけ飲んだ。


静岡の山中の一軒家を改装したスタジオに、朴保のバンドメンバーやスタッフたち総勢一〇名ほどと一緒にこもり、自炊しながらの合宿で、「峠」ともう一曲の挿入歌「Good Night Baby」、更に直前まで使用を検討していた「Tears of My Love」の三曲をレコーディングした。持ち込んだ何箱ものビールケースや一升瓶が空になった一週間後、最後のミックスダウンが終わり、深夜のリビングに全員が集まった。二九インチのモニターでエンディングの仮編集映像を流しながら、できたばかりの「峠」を大音量で合わせてみる。

最後のクレジットが出る瞬間、ベースのクマが、にこにこと相好を崩して拍手をしながら振り返った。「今だから言うけどさ」と彼は言う。

「最初にこの話があったときさ、実は俺《おれ》、反対したんだよ」

「クマはね、知り合いが地下鉄サリン事件の被害者なんだよね」

朴保が僕と安岡に説明する。バンドのメンバーに加えて、スタジオや応援のスタッフたち全員がテレビの前で車座に座り、この会話にじっと聴き入っている。

「オウムのドキュメンタリーに曲を提供するなんて、冗談じゃないって言ってたもんな」

朴保の言葉に頷《うなず》きながら、クマはビールを注がれたグラスを片手に天井を見上げる。

「しかもさ、最初は候補に『風まかせ』も入っていたよね。確かにいい曲だけど、あれを使うのなら俺は今回ここに来なかったと思うよ。レコーディング前にビデオを見せてもらって、それから『峠』に決まったと聞いて、それで納得できたんだよ」

「まあ確かにエンディングとしては、普通は『風まかせ』だよな」

「絶対にオウムは許せないって思っていたし今もその気持ちは変わらないけれど、でも『峠』を使うという決定を聞いたとき、この作品には協力しようって気分になれたんだよ。何て言うかな……志みたいなものを感じたってことかな」

ちらりと横目で僕を見た安岡が、なるほどなと言うように二、三度頷く。お疲れさん！とグラスを掲げた朴保が声を張りあげる。全員で一息に飲む。窓の外は白み始めている。

酒もうなかったかな？と誰かが言い、マッコリならまだあるわよと応援の女性スタッフが答える。レコーディングの間はずっと酒を控えていた朴保が、嬉《うれ》しそうに茶碗《ちゃわん》に注がれたマッコリに手を伸ばす。つまみは乾きものとキムチだ。後でキムチ炒飯《チャーハン》作るわよと誰かが言う。もう一回エンディング見ようぜと誰かがデッキのスイッチを入れる。

後にこのレコーディングは、「Good Night Baby」のタイトルでインディーズレーベルからマキシシングルとして発売される。

三年ぶりの冬のベルリン

一九九八年二月。厳寒のベルリン市内。人の往来が途絶えた夜更けの舗道を、渡された地図を片手に、僕は早足で歩いていた。市街地のやや外れ、この日の最終回で「A」が上映される劇場までは予想以上に距離があり、ホテルからタクシーを拾うべきだったと、歩きながら後悔しつつあった。

立ち止まり、周囲を見渡しながら、この街並みには見覚えがあるぞとふと思う。ちょうど三年前、地下鉄サリン事件が起きた年の一月、僕はこの舗道を歩いた記憶がある。但しそのときは一人じゃない。ドイツのテレビクルーが同行していた。一九三六年に開催されたベルリンオリンピックのサッカー競技で、一回戦敗退を確実視されていた日本チームが優勝候補のスウェーデンに大番狂わせで勝った試合の取材だった。当時の関係者や試合の目撃者を探しては話を聞き、撮影を進めていた。遅くとも二月中には、民放ニュースの特集枠で、放送されることが決まっていた。

ベルリンに滞在し始めて数日後、早朝から深夜までの取材と撮影を終えて疲労困憊《こんぱい》でホテルに戻り、シャワーを浴びてからベッドに潜り込んだその瞬間、枕許《まくらもと》の電話が突然鳴った。局の報道部女性デスクからの国際電話だった。

「お休み中だったら申し訳ありません。とりあえずお伝えしますけど、関西のほうが今大変な状況です」

「……大変って？」

「分からないんです。地震らしいことは確かなんだけど、ただの地震じゃないようです」

「何それ？　よくわかんないよ」

「すいません。私にもよくわからないんです。とにかく初めての事態です。……私は何かの罰のような気がして仕方ないんです」

「罰？」

「日本が何かの罰を受けているような気がして不安で仕方ないんです。……御免なさい。ロケ中の森さんに言うべきことじゃなかったです。とりあえず伝えておけってプロデューサーに言われましたので」

「罰」という唐突な言葉に宗教的な響きがあった。彼女に宗教的な背景があったのかどうかはわからない。でも、背中が粟立《あわだ》つような奇妙な感覚は、微《かす》かに僕にも感染した。誰かに呼ばれたらしく、「また状況がはっきりしたら電話します」と彼女はあわてて電話を切った。彼女だけではなく、スタッフルーム内に混乱と焦燥とが充満している雰囲気は、地球の裏側から受話器を通して何となく伝わってきた。妙な胸騒ぎを感じたことは事実だけど、夕食のときに飲んだビールが今頃になってやっと胃袋の中で揮発し始めていて、受話器を置いて僕はそのまま眠り込んでいた。

翌朝早く、降り積もった雪を踏みしめながら集合したベルリンの撮影機材会社のロビーで、ドイツ人カメラマンは僕に無言で朝刊を手渡した。一面の上半分は、炎上する神戸の航空写真が掲載されていた。

「おまえの家族や親類は神戸にいないのか？」とカメラマンは英語で聞いた。おざなりではなく、本当に案じているといった口ぶりだった。「大丈夫だ。家族は東京にいる」と答えながら、僕は写真から目を離すことができなかった。深夜の神戸の街並みは、まるで巨大な怪獣が通り過ぎた直後のように壊滅状態だった。至るところに赤い炎が立ち上り、その周囲の倒壊したビルや折れ曲がった高速道路の橋桁《はしげた》が、ぼんやりと縁を滲《にじ》ませながら闇《やみ》に浮かびあがっていた。

罰などという感覚は僕にはない。でも地球の裏側で、壊滅した祖国の上空からの景色を眺めていると、単なる災害というよりも、何か巨大な力が働いたかのような感覚が生まれたことは否定できない。写真とはいえ目の前のこの光景と、大陸プレートやマグマや造山運動などの語彙《ごい》とが、瞼《まぶた》の裏で二重に滲んだまま、どうしても焦点を結ばない。見つめ続ける胸の奥で、何かが静かにゆっくりと崩壊し、ぽっかりと大きな欠落が生まれかけていた。

二週間後、見つけだした当時の関係者の証言を撮影して僕は日本に帰った。震災の影響で放送は大幅に延びた。そしてやっと放送される直前に、今度は地下鉄サリン事件が勃発《ぼっぱつ》した。欠落は深い喪失となった。放送は無期限の延期となり、僕は胸の内側の空白に、以前「確かにあったはずのもの」を、それからずっと想《おも》い続けてきた。

予想外のソールドアウト

それから季節は四回巡り、僕はまた冬のベルリンにいる。

そういえば四年前、市内をロケ車で移動の最中に、映画祭の告知ポスターを見かけたような気がする。定かな記憶じゃないけれど、少なくともそのときには、まさか自分が映画祭のゲストとして再びここに来るなんて、言うまでもなく想像すらできなかった。

進行方向の少し先の路上にざわざわと人だかりがある。歩きながら僕は手にした地図をもう一度確かめる。人だかりはまさしく劇場があるはずの地点だ。劇場前の歩道に収まりきらず、車道にまで人が溢《あふ》れ、行列が延々と続いている。立ち止まった僕は口を半開きに、嘘《うそ》だろうと咽喉の奥でつぶやいていた。安岡と宣伝担当のスタッフ安藤陽子が、劇場の前で手を振っている。

「凄《すご》いですよ。森さん、前売りだけでソールドアウトですよ」

近づいた僕に安藤が声をかける。

「……ソールドアウトって、そもそもこの劇場は何人くらい入るんだろう?」

「五〇〇は入るはずだよ」

興奮のためか安岡の答えは語尾がかすれていた。僕は目の前の行列をあらためて眺める。老いた人、若い人、一人で来ているらしい若い女性、夫婦連れ、学生らしいグループ、……様々なドイツ人たちが皆、夜風に寒そうに身を震わせながら、開演の時間を辛抱強く待っていた。

一九九八年一月、東京のBOX東中野という劇場で、「峠」をエンディング曲に使用した新バージョンで、「A」は公開を迎えた。その後は、大阪のシネ・ヌーヴォー、名古屋のシネマテイク、札幌のシアターキノという独立系単館劇場で順次公開された。動員についての評価は難しい。いずれも決して大入りとは言い難《がた》い。BOX東中野では、一〇〇席のうち三つしか埋まらなかった回もあったと聞いている。しかし自主制作のドキュメンタリー映画としては、健闘したほうだと周囲からはしきりに慰められた。

公開初日、BOX東中野のオフィスに少し早めに行けば、扉を開けた僕の目の前で、劇場の支配人である山崎陽一と安岡が激昂《げっこう》していた。どうしたの？　と訊《たず》ねれば、山崎は手にしていた映画雑誌を腹立たしそうに僕の目の前にかざす。

「俺《おれ》もさ、この仕事はもう長いけど、さすがにこれは初めてだよ」

この月刊誌には、巻末に都内の劇場の上映スケジュールが記載されている。しかしこの月のBOX東中野の欄は空白になっていた。要するに紙面から判断する限り「A」は、少なくともこの映画雑誌からは存在を黙殺されたわけだ。

「しかしこりゃあ露骨だよなあ」

安岡が呆《あき》れたようにつぶやく。事情を飲み込めない僕は「露骨って？」と訊ね返す。

「だからさ、記事を載せるか載せないかはもちろんそれぞれの媒体の判断だけど、少なくともこれはスケジュール一覧なんだからさ、そこから『A』だけ外されるという事態はちょっと予想してなかったたってことだよ」

「よくわからないな。編集部の誰かが試写を見に来て、これは紹介すべきじゃないと思ったってこと？」

「試写会の名簿は確認するけど、この編集部は誰も来ていないんじゃないかなあ。それに仮に来ていたとしても、スケジュールから抹消するというのは普通じゃないよ。というか道理が立たない」

「たぶん試写には来てないよ」

足を組み直しながら山崎が言う。

「試写に来て作品を観たなら、少なくともこんな下らない真似はできないだろう。要するに評判だけで、こんな反社会的な映画は紹介すべきじゃないと判断したということだよ」

公開が近づくにつれ、ほとんどの新聞の学芸欄や芸能欄で「A」は紹介された。しかしそのほとんどの記事が、単純にパブリシティが出たと喜べるような内容ではなかった。賞賛ではないが、あからさまな批判でもない。「……これを評価して良いのだろうか？」式の疑問符つきの文章が最後を飾る形式はほとんどの新聞や雑誌に共通していた。「ドキュメンタリー映画『A』は果たしてオウム擁護か？」と見出しをつけた週刊誌もある。本文を読んでもこの疑問符の答えはない。書き手や記者の困惑や躊躇《ためら》いが記事の端々に滲んでいて、とにかく読み終えても映画の内容が判然としない記事がほとんどだった。

「これじゃあ記事が出ることで、動員については逆効果になるかもしれませんねえ」

これまでの記事のスクラップを眺めながら、宣伝担当の安藤は溜息《ためいき》をつく。

「叩《たた》かれるのならそれはそれで話題になるのだけど、どうしてどこの媒体も、こうして記事が中途半端なんでしょう？」

「マスメディアは要するにこの映画の標的でもあるんだよ。そのマスメディアがこの映画の批評に及び腰になることは、考えたら当り前だよな。彼らにとっては踏絵みたいなものなんだから」

安岡の説明の後は長い沈黙が続いた。長椅子《ながいす》に坐りこんでしばらく天井を眺めていた山崎は、「どうする安さん？　とりあえず劇場としては、編集部に抗議するつもりだよ」と安岡に声をかける。「まあ抗議したってどうなるもんでもないけど、確かにこれはちょっと見過ごせないなあ」

そう答える安岡の声に力がない。二人はそのまま押し黙り、じっと宙の一点を見つめていた。

老婆の抱擁が示すこと

ベルリンの夜は冷える。開演時間が迫ってきたが、続々と集まってくる人の流れはまだ途絶えない。「これまでの日本での観客動員って何人くらいだっけ？」唐突な僕の質問に、路上で寒そうに足踏みをしていた安藤が顔を上げる。

「えーとですね。総計で一万人弱ってとこですね」

「要するにベルリンのこの劇場でもし一五回興行すれば、日本の観客動員に追いついてしまうわけだ」

ああなるほどと安藤が笑う。「一日三回として一週間も興行したら計算上は上回っちゃいますね。まあそうなると、もちろん毎回フルハウスは無理でしょうけど」

そうか。しかしまったく笑えない話だよなあと安岡が苦笑する。

上映終了後、ステージに上がった僕に幾つもの質問が集中した。「最初にコンタクトしたときの手段は？」とか「続編を作る気はあるのか？」とか「タイトルにはどんな意味をこめたのか？」とか、かつて日本でも浴びせられた質問と同じ内容がほとんどだった。しかしディスカッションの終盤、一人の年配の男性が手を挙げて、思いもかけない疑問を口にした。

「質問がある。これは本当にドキュメンタリーかい？」

「そうですよ。ドキュメンタリーです」

質問の意味を推し量りながら、僕は通訳のヘレンに囁《ささや》き返す。僕の回答に頷きながら、男は更に言葉を続ける。

「オウムの信者はもちろん、この作品に登場するメディアも、警察も、一般の市民も皆、リアルな存在にはどうしても見えない。まるであらかじめ台本を手渡されてロールプレイングをやっているとしか私には思えない。これが本当に実在する人たちなら、日本という国はそうとうに奇妙だと思う。要するにフェイクな国だ」

男のこの発言に会場は沸いた。激しく同調する人もいたし、少なくともマスメディアについては、日本とドイツとは大差ないのではと反論する人もいた。

「この作品に登場するオウムにも警察にもマスメディアにも、とにかくほとんどの日本人に共通するメンタリティがあります。共同体に帰属することで、思考や他者に対しての想像力を停止してしまうことです。その危険さを僕は描いたつもりです。組織への帰属意識や従属度は日本人に突出して強い傾向だと思うし、傍《はた》から見ればもしかしたらフェイクにしか見えないのかもしれないけれど、ドイツ人にはそんなメンタリティはないと本当に言いきれるのでしょうか？」

僕のこの問いかけを、ヘレンはかなり挑発的に翻訳してアナウンスしたようだ。複数の手が高々と上がり、我々ドイツ人にも同じような傾向があるのじゃないかという意見も出たが、しかし圧倒的に優勢だったのは、これほどグロテスクな思考停止は、やはり日本人に特有の現象ではないかとする意見だった。

質疑応答の終了後、僕は激しく消耗していた。まるで日本の恥を世界に喧伝《けんでん》するために来たようだと、自己への嫌悪に近い感情が湧きあがり、どうしようもなくやるせなかった。

ロビーの片隅で出口に向かう観客たちをぼんやりと眺めていた僕の許《もと》に、一人の老婆が近づいてきた。鼻眼鏡に杖《つえ》をついた、そのままグリム童話の挿絵にでも登場しそうな老婆だった。立ち止まった彼女は背筋を真直《す》ぐに伸ばし、僕の耳許で威厳たっぷりに何事かつぶやいた。それからしきりに頷《うなず》いてから僕を抱擁し、杖をつきながら出口へと遠ざかっていった。その後姿を見送る僕に、いつのまにか背後にいたらしい通訳のヘレンが静かに囁いた。

「彼女は言いました。ドイツ人も同じよって」

ベルリン大学で日本文化を専攻しているというヘレンの蒼《あお》い瞳《ひとみ》を、僕は正面から見つめ返す。その薄い唇の両端がみるみる左右に伸びたかと思うと、両頬《ほお》にくっきりと笑窪《えくぼ》が浮かび、ヘレンはにっこりと微笑《ほほえ》みながら、もう一度言った。

「ドイツ人も日本人も、きっと他の国だって人間は皆同じ。同じだから過去にも戦争が起きたし、そしてこれからも起きるのよと彼女は言いました。私もあのご婦人と同じ意見です。皆同じです。だから大切な問題です。『A』は大切な作品です。彼女はそう言いました。私もそう思います」

「ありがとう」

僕は言った。目の前のヘレンに、人の波に呑《の》まれてしまった老婆に、観てくれたドイツの観客たちに、これから観てくれる日本の観客たちに、協力をしてくれた全ての人たちに、同じ過ちを何度も繰り返しながら、でも懸命に生き続ける全ての人たちに。

出口へと向かう人の列はまだ途切れない。

あとがき

今この原稿を書いている一二月三日の深夜、タリバンの最後の拠点であるカンダハルで、これまでで最大規模と思われるアメリカの空爆が始まった。女性や子供を中心に、かなりの死傷者が出ていると、瓦礫《がれき》の山となった家の前で泣き叫ぶ母親や病院に収容された血みどろの子供の映像をバックに、テレビニュースは抑揚の薄い口調で淡々と伝えている。

そんな情報に接しながら、何かが麻痺《まひ》していると感じるのは、たぶん僕だけじゃないはずだ。国家であれ会社であれ地域社会であれ、人は組織共同体に帰属せねば生きてはいけない。そして団体の構成要素となることとの交換条件として、たぶん新世紀の人類は、決して補完できない何かを急速に喪失しつつある。

「A」を発表してから三年が過ぎた。続編について訊《たず》ねられるたびに僕は、「オウムについての自分の表現は終了した」と断言してきた。しかし「A」がクランクアップした九七年以降、日本社会はまるで歯止めが外れたように急激に変質した。残虐で動機の不明な犯罪が頻発し、ガイドライン関連法や国旗国歌法、通信傍受法に住民基本台帳改正法など、今後の日本の針路や枠組みに大きな軌道修正を強いる可能性をもつ、数々の法案が、圧倒的な世論を背景にあっさりと成立し、「A」撮影時に一旦《いったん》は棄却された破防法は、団体規制法（オウム新法）として、より国家統制の色を濃く滲《にじ》ませながら復活し、タカ派的言動の政治家が熱狂的に支持されて、遂には太平洋戦争における日本のスタンスは正しかったと主張する勢力まで現れた。

これらの根底にあるのは、剝《む》きだしとなった「他者への憎悪」だ。様々に加工され装飾された憎悪が、世論や良識などの衣を纏《まと》いながら、メディアや司法や行政、そしてそれらの基盤となる市民社会という共同体の、重要な規範を無自覚にコントロールし始めている。

全ては地下鉄サリン以降なのだ。

思いだして欲しい。僕らは事件直後、もっと煩悶《はんもん》していたはずだ。「なぜ宗教組織がこんな事件を起こしたのか？」という根本的な命題に、的外れではあっても必死に葛藤《かっとう》をしていた時期が確かにあったはずだ。事件から六年が経過した現在、アレフと名前を変えたオウムの側では今も葛藤は続いている。でも断言するが、もうひとつの重要な当事者であるはずの社会の側は、いっさいの煩悶を停止した。

剝きだしの憎悪を燃料に、他者の営みへの想像力を失い、全員が一律の反応を無自覚にくりかえし（半世紀以上前、僕らの父や祖父の世代は、こうしてひとつの方向にのみ思考を収斂《しゅうれん》させることで、取り返しのつかない過ちを犯してしまったはずではなかったのか?)、「正と邪」や「善と悪」などの二元論ばかりが、少しずつ加速しながら世のマジョリティとなりつつある。

僕らはオウムの事件からまだ何も獲得できていない。剝きだしになっただけだ。だからこそオウムをこんな形で風化させてはいけない。日本をこんな形で収束させてはいけない。

こうして一九九九年、二年と半年の煩悶の期間を経て、僕は再びオウムの施設に通いながらカメラを回し始めることになった。その作品「A2」が完成直後、ニューヨークの世界貿易センタービルに、ハイジャックされた二機の旅客機が激突した。だからこそ思う。つくづく思う。

「世界はもっと豊かだし、人はもっと優しい」

結局は外したけれど「A2」のサブタイトル候補だったこのフレーズは、「A」撮影中の頃からずっと意識の隅で、基調低音のように響いていた。こうなれば持久戦だ。甘いと嘲笑《ちょうしょう》され、楽観主義と批判されるが、でも僕は今も、世界の復元力を信じている。たぶん、その確信があるからこそ、僕は作品を作り続けられるのだと思う。

二〇〇一年一二月

私たちが自滅しないための戦略

宮台 真司（社会学者）

【サリン事件と同時テロにおける敵と味方の類似】

同時多発テロへの社会やマスコミの反応をついこの間目撃した私たちは、本書に、あるいはドキュメンタリー映画「A」に、何を見出《みいだ》せるだろう。いや、何を見出すべきなのだろう。

第一に、サリン事件以降の日本の社会やマスコミに森監督が見出した思考停止は、同時多発テロ以降の日本あるいは米国の社会やマスコミで見出される思考停止を髣髴《ほうふつ》させる。むろん背景は異なるが、類似性こそが気になる。

森監督はあちら側（オウム真理教側）とこちら側（社会やマスコミ側）が共同体的な思考停止に陥っている点で、合わせ鏡のようだと言う。同時多発テロ事件後の社会やマスコミの反応に、似たものを感じざるを得ない。

本書や「A」にある通り、サリン事件後、警察は数多《あまた》の別件逮捕や不当逮捕を行なった。それを眼前で目撃したマスコミや市民は、ひどいことをしたオウムの成員なのだから当然の報いだと、これらの脱法行為を許容した。

オウム側から社会がどう見えるかをモチーフとする「A」は、社会の側からオウムを見ると出鱈目《でたらめ》に見えるのと同じように、オウム側からこうした無法を許容する社会を見ると出鱈目に見えることを活写した。

オウム側から社会やマスコミが出鱈目に見えるという事実を描くがゆえに、本来テレビ企画であった「A」は、社会やマスコミから「オウムに同情的過ぎる」という理由で拒絶され続ける。本書はその様子を詳細に描く。

同時テロ事件で米国や支援各国は、正義の報復というフレームで、誤爆を含めたタリバーンやアルカイダへの爆撃を正当化する。テロ実行犯側や支援者側もまた、テロ行為自体を、米国への正義の報復として正当化する。

私たちの側から「イスラム原理主義者」の側から米国や支援各国を見ると出鱈目に見える。それが分からないとテロ根絶は覚束《おぼつか》ない――テロ直後から私はそう訴えてきた。

そう訴えると各方面からテロを弁護するのかとクレームが来る。だが私はテロの背後にある動機づけを知ることで、動機づけそのものを手当てできる可能性を明るみにしたいだけだ。それは森監督が「A」を撮った目的と同じだろう。

オウムと敵対する社会がオウムと似ていること自体がオウムを生み出す――そう森監督は直観する。私たちもまた「イスラム原理主義者」と敵対する社会が彼らと似ていることが、彼らを生み出すのではないかと問える。

もしそうであるなら、社会がオウムと似るのをやめない限り、社会はオウム的なものを生み出し続けて自己破壊する。同じく、社会が「イスラム原理主義者」と似ることをやめない限り、社会は彼らを生み出すことで自己破壊を招くだろう。

【森監督の方法論〜体験と体験加工の分離】

森監督は、「A」を作るに際して、なぜ荒木広報部長に注目したのか。森監督と荒木広報部長が似ているからだと思う（私は双方とも面識がある）。それを説明するヒントになるだろう森監督に固有の方法論を紹介する。

森監督の「職業欄はエスパー」の初出は九十八年二月二十四日にオンエアされたフジテレビの『NONFIX』。スプーン曲げの清田益章、UFO呼びの秋山眞人、ダウジングの堤裕司の日常を追いかける。

清田氏が顔の前に縦にかざしたスプーンの頭が、手を触れずに落ちるまでをワンショットで見せるシーンは有名だが、上映後に森監督と清田・秋山両氏のトークショーがあり、その最中に清田氏がスプーン曲げを披露した。私の眼前でスプーンの頭が落ちた。トークショーの最後に森監督が語る。《僕は確かに見たし、彼らは嘘《うそ》をついていないと確信している。でも超能力があるとは思わない》。同じ発言は番組のメイキング本『スプーン』末尾でもなされているが、初めて聞いた人は意味不明だろう。

「体験」を意味づけることを社会システム理論で「体験加工」という。体験加工の機能は、日常生活を支えるセマンティクス（意味論）への回収だ。その作業は通常、意識せずに行われる。その場合、体験と体験加工は分離できない。

問題は、日常を支えるセマンティクスにうまく塡《はま》らない体験をしたときだ。体験をどう解釈するのかという行為が問題になる。体験と行為の違いは「訪れるもの」か「選ぶもの」かという違いである。そこで超能力だ、手品だと解釈論争が生じる。

体験加工には社会的次元がある。時代によって、何が日常を支えるセマンティクスに塡るかが変わる。例えば現在精神病に分類される振舞いは古くからある。聖俗の二項対立を用いる共同体では、狂人にも狐憑《きつねつ》きやシャーマンの役割（＝聖）が与えられた。

だが全てを通常性（＝俗）の枠内で処理するようになる近代社会では、枠内に収まらない狂人は、Ｍ・フーコー『狂気の歴史』が述べる通り、先《ま》ず犯罪者同様に隔離され、治療対象と化した。異常事態に関わる体験加工は必ずしも個人の自由にならない。

複数の著書で述べた通り、凶悪な少年犯罪が起こるたびに尤《もっと》もらしい動機探索がなされ、動機が解釈不能だと尤もらしい病名探索がなされるのも、社会的次元に関わる体験加工の一種だ。

かくして私たちは体験加工の機能を熟知する。既にそれは潜在機能というより顕在機能だ。Ｒ・Ｋ・マートンの言うように潜在機能が顕在化すれば元の機能を失う。とすれば私たちは、体験加工によって回収せずに体験を保留する可能性を手にしたことになる。

森監督は、体験（見える・聞こえる）を、体験加工（意味づけ）せずに保留するという方法を一貫させてきた。しかし何のために保留するのか。それは、体験加工が覆い隠す重大な社会的問題を露呈させるための、あえてする不作為だ。

体験加工の保留は「Ａ」にも見出される。オウムは敵だ・社会は味方だと体験加工（意味づけ）する前に、オウムも社会も、様々な方向からじっくり体験（見る・聞く）してみる。そこから出てきたのが、冒頭の「合わせ鏡」論なのだ。

【森監督と荒木浩が似ている理由】

森監督とお会いするたびに、一水会の元代表・鈴木邦男氏のことを思い出す。共通して脱力した人だ。世間では、パッパパッパと体験加工していける、即断即決型の人間が聡《さと》いと思われている。そうした視線からは、二人とも驚くほどスローに見える。

だが鈴木邦男の著書『がんばれ！　新左翼３』の解説で詳述した通り、近代ではこうした「遅れ」こそが批評性の要になる。なぜなら「遅れ」のなさこそが、近代を構成する様々なフレームの尤もらしさを各所で支えるからだ。

森監督と荒木広報部長が似ている理由はお分かりだろう。本書でも描かれた通り、オウムの言葉と社会の言葉の狭間《はざま》に置かれ、言葉が見つからずに逡巡《しゅんじゅん》する荒木広報部長も、スピーディに体験加工できるタイプではない。森監督はそんな彼に自分を見出すのだ。

その森監督が「Ａ２」を撮った。「Ａ」の続編だが、サリン事件直後のオウム騒動を観察した「Ａ」に対し、「Ａ２」は、オウム真理教がアレフと改名して以降に各地で続発しているアレフ信者や子供たちの転入受け入れ反対運動を観察する。

二つのことが描かれる。一つは、私自身が繰り返し書いてきたこと。つまりアレフは空洞化した地域の「村興し」に役立っている事実だ。アレフのアジトに隣接する監視小屋に集った住民たちは、久しく失ってきた交流を復活し仲良くなる。

もう一つは、転入受け入れ反対運動の現場を知る者には自明だが、そうでない人々には知られていないこと。すなわち反対住民らとアレフ信者らは、濃密な時間と空間を共有するうちに互いに融和してしまうことが珍しくないという事実だ。

《アレフを脱会したら、養子に来いや》。アレフに危険がないことが住民に理解されたのか。違う。森監督は、サリン事件から現在に至るまでの経緯を麻原彰晃が「あえて」もたらしていると信じてはいないかと幹部信者らに尋ね、イエスと言わせる。

ならば危険は減っていない。しかし宗教は社会よりも大きい。そうでなければ機能を果たさない。宗教はもともと危険なのだ。アレフに始まった話ではない。とすれば、社会と宗教の両立にとって可能なことは一つしかない。それは何か。

決して分かり合えない者たちの事実的な融和だ。現存する宗教の多くが淘汰《とうた》の末に社会と両立しているのがその結果だ。反論があろう。「Ａ２」が描いた事実は、分かり得ない者たちの融和というより、共同体的作法に基づく無原則なもたれ合いだと。

その通り。だがそれでいい。世に批判される（私も批判してきた）日本人の共同体的作法も、分かり得ない者たちの事実的融和という面でアドバンテージがある。そして分かり得ない者たちの事実的融和という処方箋《せん》こそ、現代思想の最先端を行くものだ。

【私たちが自滅しないための戦略】

《メディアは決して軽薄でも不真面目《ふまじめ》でもない。たまたま志の低い人種がメディアに集まったわけでもない。メディアは僕たち社会の剝《む》き出しの欲望や衝動に、余計なことはあまり考えずに忠実に従属しているだけだ。自らの空白に、「グル」ではなく「組織」の大いなる意思を充塡《じゅうてん》させて、自分の言葉で思考することを放棄して、他者への情感と営為への想像力をとりあえず停止させただけなのだ。地下鉄の車両でビニール袋に傘の先を突き立てる行為も、被害者である河野義行さんを何のウラも取らず犯人と断定する行為も、エイズ感染の危険性を熟知しながら血友病治療の非加熱血液製剤の輸入を黙認していた行為も、不当逮捕の瞬間を撮影されていることを知りながら逮捕した信者を釈放しようとしない行為も、すべては同じ位相なのだ》――森監督のスタンスを表す素敵な文章だ。

体験（見える・聞こえる）を拙速に体験加工（意味づけ）するとき、私たちは既存のフレームに拘束され、思考停止した駒《こま》になる。かつてなら許されたこうした振舞いは、今や近代社会の存続可能性を脅かすものとなった。

しかし、思考停止した駒になるのをやめようと体験加工を遅らせるならば、今までのマスコミ組織や社会の中で「使えない奴《やつ》」との烙印《らくいん》を押される。逆にいえば従来の物差しでは「使えない奴」こそが、存続に関わる危機から社会を救う可能性があるのだ。

問われるたびに答えに逡巡する荒木広報部長に対して声を荒立てるマスコミ人に違和感を感じ、逆に荒木広報部長にこそ興味と近しさを覚える森監督。彼が私たちに提示するものとは何か。答えは明らかだ。「私たちが自滅しないための戦略」である。

付録——「A」と世の中の動き

年	「A」取材・撮影記録		オウム真理教—主な事件と動き
1984年		2月	「オウム神仙の会」設立
1987年		7月	「オウム真理教」に改称
1989年		2月	信者リンチ殺人事件（静岡県）
		8月	東京都から「宗教法人オウム真理教」の認証を得る
		11月	坂本弁護士一家殺害事件
1990年		2月	政治団体「真理党」を結成し、衆院選に信者多数が立候補（全員落選）
		5月	熊本県波野村に進出
1991年		9月	東京総本部（東京都港区）設立
1994年		1月	元信者リンチ殺人事件（第二サティアン）
		6月27日	松本サリン事件

1995年	9月	荒木浩にドキュメンタリーの取材を依頼する最初の手紙を書く。返事はないが、何度か書きつづける
	9月27日	荒木浩から連絡を受ける。青山本部に赴き、約束はできないが幹部達を説得する、と言われる

	7月	信者リンチ殺人事件（第二サティアン）
	12月	VX使用殺人事件（大阪）
1995年	2月	目黒公証役場事務長仮谷清志、ら致監禁致死事件
	3月	オウム真理教東京総本部に対する火炎びん投てき事件
	3月20日	地下鉄サリン事件
	3月22日	上九一色村等の教団施設を強制捜査
	3月30日	国松孝次警察庁長官銃撃事件
	4月23日	教団幹部・村井秀夫が東京総本部前で殺害される
	5月5日	地下鉄丸ノ内線新宿駅便所内毒物使用殺人未遂事件
	5月16日	東京都庁内郵便物爆破殺人未遂事件
		松本智津夫を殺人及び殺人未遂で逮捕
	9月6日	坂本弁護士、郁子さんの遺体が発見される
	10月30日	東京地裁が宗教法人法に基づく解散命令を決定（同年12月確定）
	12月14日	破防法の団体請求を政府決定

1996年

1月	制作会社とディレクターとして契約。荒木浩とも月に一度連絡をとりつづけるが、説得は進まない
3月中旬	了解がとれる。制作会社のプロデューサーと意見が衝突し、自主制作で行う宣言をする。
3〜7月	レンタルのデジカメや自前のハイ8などで、青山総本部や、杉並道場、上九一色村などで信者たちの生活を撮影。番組関係者などにあたるがまったく相手にされず、自主制作映画としての発表を考えはじめる。またこの頃、制作会社から契約解除をほのめかされる
7月中旬	安岡卓治に会い、ラッシュの一部を見せ、プロデューサーとなることを快諾される
8月7日	亀戸総本部前の路上で警察による不当逮捕を撮影
8月9日	城東署から素材の呈示を任意で求められるが、断る。被疑者に対し、公務執行妨害に加え、加療三週間の診断書を証拠に傷害罪も加えられる
8月13日	弁護士と条件交渉したうえで、撮影テープを提出する
8月14日	釈放される

1月18日	1952年の法制定以来初めての破防法弁明手続きが行われる
3月	東京地裁が破産法に基づき破産宣告（同年5月確定）
4月24日	松本智津夫被告初公判
7月	公安調査庁が破防法に基づく解散指定処分を請求
8月9日	上九一色村サティアン一部解体

8月30日	亀戸総本部退去		
8月31日	制作会社を退社し、フリーに		
9〜12月	広報部が移った千駄ヶ谷マンションを拠点に富士宮総本部退去、都内施設開放、一橋大学での授業参加の局面を撮影	9月2日	東京地裁、地下鉄サリン事件の民事訴訟で約7億9000万円の賠償を命じる判決
		11月	上九一色村の教団施設明け渡し 特別手配中の松下悟史を逮捕
		12月3日	特別手配中の林泰男を逮捕
1997年			
4月22日	京都の祖母を訪れる荒木に同行し、クランクアップ	1月31日	公安審査委員会が破防法に基づく解散請求棄却を決定
	一三六時間という膨大な素材テープの量に悪戦苦闘しながら編集作業をする		
10月	山形国際ドキュメンタリー映画祭に出品するBGMの問題が持ち上がる		
1998年			
1月	劇場での一般公開		
		5月	地下鉄サリン事件等で教団幹部・林郁夫に無期懲役の判決（東京地裁）
10月	釜山国際映画祭に出品	10月	破産法に基づき債権者約2100人に約9億6000万円を中間配当

1999年

2月	ベルリン映画祭に出品
3月	香港国際映画祭に出品
10月	山形国際ドキュメンタリー映画祭に海外向けに再編集した「A」インターナショナル版を出品

4月	「オウム真理教対策関係市町村連絡会」結成
5月	ガイドライン法案成立
6月	教団幹部・上祐史浩が広島刑務所内から主要政党六党首宛に請願書を送付 「オウム真理教対策関係市町村連絡会」が都内で総決起大会
7月	国旗国家法案・改正住民台帳法・通信傍受法が成立
8月	地下鉄サリン事件で教団幹部・横山真人に死刑判決（東京地裁）
9月	都内足立区の教団施設（法務部、広報部等）が撤退 教団が休眠宣言（「オウム真理教」の名称使用一時停止、対外的な宗教活動の休止等）

本文中で引用しました「峠」（作詞・作曲　朴保《パクポー》『Good Night Baby』１９９８年に収録）は朴保氏の了解を得て掲載させていただきました。

本書は『「A」撮影日誌』（現代書館　二〇〇〇年六月刊行）に大幅な加筆修正の上、文庫化したものです。

「A」

マスコミが報道《ほうどう》しなかったオウムの素顔《すがお》

森《もり》 達《たつ》也《や》

平成14年 1月25日　初版発行
令和7年 2月20日　18版発行

発行者●山下直久

発行●株式会社KADOKAWA
〒102-8177　東京都千代田区富士見2-13-3
電話　0570-002-301（ナビダイヤル）

角川文庫 12313

印刷所●株式会社KADOKAWA
製本所●株式会社KADOKAWA

表紙画●和田三造

●お問い合わせ
https://www.kadokawa.co.jp/（「お問い合わせ」へお進みください）
※内容によっては、お答えできない場合があります。
※サポートは日本国内のみとさせていただきます。
※Japanese text only

ISBN978-4-04-362501-7　C0195

◆◆◇

角川文庫発刊に際して

角川源義

第二次世界大戦の敗北は、軍事力の敗北であった以上に、私たちの若い文化力の敗退であった。私たちの文化が戦争に対して如何に無力であり、単なるあだ花に過ぎなかったかを、私たちは身を以て体験し痛感した。西洋近代文化の摂取にとって、明治以後八十年の歳月は決して短かすぎたとは言えない。にもかかわらず、近代文化の伝統を確立し、自由な批判と柔軟な良識に富む文化層として自らを形成することに私たちは失敗して来た。そしてこれは、各層への文化の普及滲透を任務とする出版人の責任でもあった。

一九四五年以来、私たちは再び振出しに戻り、第一歩から踏み出すことを余儀なくされた。これは大きな不幸ではあるが、反面、これまでの混沌・未熟・歪曲の中にあった我が国の文化に秩序と確たる基礎を齎らすためには絶好の機会でもある。角川書店は、このような祖国の文化的危機にあたり、微力をも顧みず再建の礎石たるべき抱負と決意とをもって出発したが、ここに創立以来の念願を果すべく角川文庫を発刊する。これまで刊行されたあらゆる全集叢書文庫類の長所と短所とを検討し、古今東西の不朽の典籍を、良心的編集のもとに、廉価に、そして書架にふさわしい美本として、多くのひとびとに提供しようとする。しかし私たちは徒らに百科全書的な知識のジレッタントを作ることを目的とせず、あくまで祖国の文化に秩序と再建への道を示し、この文庫を角川書店の栄ある事業として、今後永久に継続発展せしめ、学芸と教養との殿堂として大成せんことを期したい。多くの読書子の愛情ある忠言と支持とによって、この希望と抱負とを完遂せしめられんことを願う。

一九四九年五月三日

角川文庫ベストセラー

職業欄はエスパー　森　達也

スプーン曲げの清田益章、UFOの秋山眞人、ダウジングの堤裕司。一世を風靡した彼らの現在を、ドキュメンタリーにしようと思った森達也。彼らの力は現実なのか、それとも……超オカルトノンフィクション。

世界が完全に思考停止する前に　森　達也

大義名分なき派兵、感情的な犯罪報道……あらゆる現実に葛藤し、煩悶し続ける、最もナイーブなドキュメンタリー作家が、「今」に危機感を持つ全ての日本人を納得させる、日常感覚評論集。

クォン・デ
——もう一人のラストエンペラー　森　達也

満州国皇帝溥儀を担ぎ上げた大東亜共栄圏思想が残した、もう一つの昭和史ミステリ。最も人間の深淵を見つめ、描き上げるドキュメンタリー作家が取材9年、執筆2年をかけ、浮き彫りにしたものは？

それでもドキュメンタリーは嘘をつく　森　達也

「わかりやすさ」に潜む嘘、ドキュメンタリーの加害性と鬼畜性、無邪気で善意に満ちた人々によるファシズム……善悪二元論に簡略化されがちな現代メディア社会の危うさを、映像制作者の視点で綴る。

死刑　森　達也

賛成か反対かの二項対立ばかり語られ、知っているようでほとんどの人が知らない制度、「死刑」。生きていてはいけない人などいるのか？　論理だけでなく情緒の問題にまで踏み込んだ、類書なきルポ。

角川文庫ベストセラー

いのちの食べかた　森　達也

お肉が僕らのご飯になるまでを詳細レポート。おいしいものを食べられるのは、数え切れない「誰か」がいるから。だから僕らの暮らしは続いている。〝知って自ら考える〟ことの大切さを伝えるノンフィクション。

オカルト
現れるモノ、隠れるモノ、見たいモノ　森　達也

職業＝超能力者。ブームは消えても彼らは消えてはいない。否定しつつも多くの人が惹かれ続ける不可思議な現象、オカルト。「信じる・信じない」の水掛け論を超え、ドキュメンタリー監督が解明に挑む。

FAKEな日本　森　達也

天皇、放送禁止歌、オウム、オカルト、小人プロレス等。撮影テーマをことごとくタブー視され、発表媒体が限られていく中、ドキュメンタリー監督が、忖度社会の正体を探る！

たった独りの引き揚げ隊
10歳の少年、満州1000キロを征く　石村博子

一九四五年、満州。少年はたった独り、死と隣り合わせの曠野へ踏み出した！　四十一連戦すべて一本勝ち。格闘技《サンボ》の生ける伝説・ビクトル古賀。コサックの血を引く男が命がけで運んだ、満州の失われた物語。

妻と飛んだ特攻兵
8・19満州、最後の特攻　豊田正義

「女が乗っているぞ！」その声が満州の空に届くことはなかった。白いワンピースの女を乗せた機体を操縦していたのは谷藤徹夫少尉、女性は妻の朝子。最後の特攻は夫婦で行われていた!!　衝撃の事実に迫る。